特別支援教育サポートBOOKS

国語 算数

学びにくさのある子のための
教材教具
主体的・対話的で深い学びを促す支援のヒント

立松 英子 編著
障害児基礎教育研究会 著

明治図書

平成29年版特別支援学校学習指導要領に対応

はじめに

　新しい学習指導要領では，「主体的な学び」「対話的な学び」「深い学び」を視点とした不断の授業改善が求められています。今後の学校教育では，「何を教えるか」（教師が主体）から「何ができるようになるか」（子どもが主体）への視点の転換が進み，社会のグローバル化を念頭に，生きる力，考える力，変化する環境に柔軟に対応する力を育てる動きがより高まっていくと考えられます。

　知的障害教育では，もとより体験を通した具体的な指導が効果的とされ，また，学習活動への主体的参加を図ることが常に授業研究のテーマになってきました。こうした経緯から，「主体的な学び」「対話的な学び」「深い学び」の3要件は，理念の面からはすでに満たされているといえるかもしれません。

　一方，実際面では，障害の程度が幅広く，しばしば自閉スペクトラム症（以下，ASD）やてんかん，肢体不自由等が合併し，また，成長とともに情緒や行動に変化が見られる等その実態は多様かつ複雑であり，個々にふさわしい学習内容・環境を創出していくのは容易な課題ではありません。授業内容が真に適切かどうかは，児童生徒の実態と密接な関係を保ちながら，教師チームで常に検討されなければならないといえるでしょう。

　その中で，最も確実な手がかりは目の前の子どもです。子どもが目を輝かせ，自主的，自発的に学習に取り組むかどうかが授業の良し悪しを決定することは，上記の理念に照らしても疑いの余地がありません。そして，もう1つの手がかりは教材・教具です。いくつもの仮説を検討して工夫を重ね，幾度も子どもとやりとりをして，「できた！」「わかった！」という笑顔に出会えた瞬間は，何にも代えがたい教師の喜びです。教材・教具は子どもをより深く知るための道具であり，子どもとのコミュニケーションを成り立たせる道具でもあるのです。

　本書における実践例は，特別支援学校で豊富な実践経験を積んだ「障害児基礎教育研究会」の会員から提供していただきました。本書で使う「教材教具」という用語は，「教材」と「教具」の区別がつきにくい，実際に触って動かして，その結果が直接フィードバックされるものを意味しています。プリントや電子機器の画面からは得られにくい，触覚と運動を通した直接的な学びの要素が埋め込まれ，子どもと教師とのコミュニケーション（相互作用）を高めることを目的として開発・工夫されたものです。本書ではそのような「教材教具」を中心に，誰にでも作成できるものを取り上げ，子どもとのやりとりの中に見いだされる大切な視点をお伝えしたいと考えています。

　「どんな教材がいいか」ではなく，「どのような視点をもって何を引き出すか」にこだわる，ベテラン教師の息遣いを感じていただければと思います。

立松　英子

本書の概要

対象

　実践の対象は，具体物を操作することによって，発見の喜びを得られる子どもたちです。年齢は6歳から18歳まで，表出言語はないか，単語，二語文，もしくは日常会話程度と考えられます。一定の生活動作や社会スキルを身につけていたとしても，繰り返しの中で獲得したものが多く，新規の場面や変化する環境においては「学びにくさ」が感じられる子どもです。

　読者の対象は，主として知的障害のある子どもの発達支援をする教師や療育の専門家です。教材教具は重要と考えていても，その理由や選び方，製作や活用の視点，指導方法等にとまどうときに活用していただけるようにと考えました。

内容

　特別支援学校のベテラン教員に執筆をお願いした，第2章「教材教具を用いた実践例」を中心に解説します。あらかじめ第1章「言葉や数の学習の前に」で，言語発達の背景や，物に向かう子どもの感覚の使い方の特性，実践例と特別支援学校学習指導要領との関係や発達の評価との関係について説明します。また，第3章「実践例の解説」では，第2章の実践例各々について，教材教具を選んだ背景や，日常生活とのつながり，拡大・応用の視点について解説していきます。

自立活動との関係

　対象は，自立活動の目標にある「心身の調和的発達の基盤」が十分に形成されていない子どもとも考えられます。そのため，〈国語・算数〉といえども，自立活動の要素をたっぷりと含む内容になっています。

　実践例の執筆者には，教師が感じる「学びにくさ」を原点に，「こうしたら○○ができるようになった！」という報告ではなく，子どもが教材や授業内容に興味をもち，主体的にかかわる過程を描いてください，とお願いしました。

　「音のした方に注意を向ける」「見た物に手を伸ばす」「発見を共有しようと人を見る」等，感覚と運動を中心とした学びの基礎に目を向けた，子ども自身が自ら高まっていく実践を期待しました。

発達評価との関係

　認知発達では，ピアジェ（1966）[1]が唱えた「感覚運動期（言葉の理解に乏しい段階）」から「前操作期（目の前の事象を離れて言葉で考えることが難しい段階）」にあたる子どもたちと考えられます。認知発達を捉える指標として「太田ステージ評価」を使い，各実践が適合する言語理解の発達段階（Stage）をおよその目安として示しています。

　「太田ステージ評価」は，シンボル機能（頭の中で言葉とイメージを操作する）の発達段階を評価するものです。「Stage」は，言葉の理解に至るまでの，触覚と運動を優先してわかる段階（感覚運動期，定型発達では１歳半から２歳位まで：StageⅠ），片言と身振りを中心にコミュニケーションする，言葉よりも視覚を優先してわかる段階（前概念的思考段階前期，同じく２歳半位まで：StageⅡ～Ⅲ－１），概念が芽生え，言葉とイメージを通して考える段階（２歳半～３歳：StageⅢ－２），過去や未来等目に見えない世界のイメージをもち，概念を操作する段階（４歳以上：StageⅣ）を表しています。しかし，障害のある子どもにおいては触覚，視覚，聴覚等感覚の使い方にアンバランスを伴って育つことが多いため，Stage（言語理解の能力）が高くても，操作面では感覚運動期の教材を好む場合があります。そのため，相当するStageは幅広く設定しています。

障害児基礎教育研究会

　「障害児基礎教育研究会」（http://www.kisoedu.jp）は，平成元年に発足した研究団体です。特別支援学校の校長であった故水口浚先生が，「教材教具を使った教育実践を通して教育の基礎を解明すること」を目的に設立しました。子どもと支援者とがともに学び合う存在として，人間関係を深めていく過程に目を向けることが，創始者から受け継いだ理念です。特別支援学校の教員を中心に，言語聴覚士，作業療法士等の専門家や保護者等，障害のある子どもにかかわる多彩な人々が参加しています。

①　人間の初期行動の開発を促す教育内容・方法に関する研究
②　概念形成，記号操作学習の内容・方法に関する研究
③　①②のための，教材教具の開発・工夫・実践

　以上を活動内容とし，月に一度の定例会や教材製作会を実施，年に一度は創作教材を一堂に集めて展示をしています。

　本書では，その主な会員に実践例を提供していただきました。

---

[1]Piaget, J. and Inhelder, B.（1966）.：La psychologie de l'enfant. Presses Universitaires de France.（波多野完治，須賀哲夫，周郷博訳（1969）『新しい児童心理学』白水社，東京）.

Contents

はじめに　3

本書の概要　4

第1章　言葉や数の学習の前に

1 言葉や数の学習の背景……12

2 物に向かう子どもの感覚の使い方の特性……14

3 実践例と特別支援学校学習指導要領との関係……17

4 発達評価との関係……22

第2章　教材教具を用いた実践例

算数　小学部

01 「ガイド線の意味に気づく」ことに役立つ
ジグザグの輪郭線をたどる棒さし……30

算数　小学部

02 「認識できる空間を広げる」ことに役立つ
端まで滑らせよう……32

算数　小学部

03 「見えないものを予測する」ことに役立つ
線たどりマグネット……34

算数　小学部

04「向きを理解する」ことに役立つ
いろいろな向きの型はめ……36

算数　小学部

05「形の違いに気づく」ことに役立つ
形に注目して分類しよう……38

算数　小学部

06「硬貨の種類と位との関係を学ぶ」ことに役立つ
お金そろばん……40

算数　小学部

07「お金や単位と現実との結びつきを学ぶ」ことに役立つ
チラシで算数……42

算数　小学部

08「九九と現実との結びつきを学ぶ」ことに役立つ
九九実感ボード……44

国語　中学部

09「言葉が通じにくい子が立ち位置を理解する」ことに役立つ
ホースが言葉……46

数学　中学部

10「平面の形を視覚で捉える」ことに役立つ
基本図形：３次元と２次元……48

数学　中学部

11「順に指を置いて数える」ことに役立つ
一対一対応支援キューブ……50

Contents　7

数学　中学部

12 「10までの数量を理解する」ことに役立つ
1〜10の玉さし……52

国語　中学部

13 「ICT 機器の力を借りながら人に話を伝える」ことに役立つ
話す絵本……54

国語　中学部

14 「身近な出来事から文章を考える」ことに役立つ
何しているのかな？　文で書こう……56

自立活動　高等部（肢体不自由）

15 「自分の動きと環境の変化との関係に気づく」ことに役立つ
ナイトアクアリウム……58

自立活動　高等部（肢体不自由）

16 「物の動きを目で追う」ことに役立つ
コースター式玉入れ……60

自立活動　高等部（肢体不自由）

17 「掴んだり放したりする」ことに役立つ
七つの島……62

自立活動　高等部（肢体不自由）

18 「数唱と数の関係に気づく」ことに役立つ
銭形玉ひも……64

自立活動　高等部（肢体不自由）

19 「目的をもって手を動かす」ことに役立つ
カルタ釣り……66

数学　高等部

20 「順序数の理解を集合数の理解につなげる」ことに役立つ
見た目の異なる数の分類……68

第3章 実践例の解説

01 **ジグザグの輪郭線をたどる棒さし**（相当する発達段階：Stage Ⅰ－3〜Ⅳ）……72

02 **端まで滑らせよう**（相当する発達段階：Stage Ⅲ－1〜Ⅳ）……74

03 **線たどりマグネット**（相当する発達段階：Stage Ⅲ－1〜Ⅳ）……76

04 **いろいろな向きの型はめ**（相当する発達段階：Stage Ⅲ－1〜Ⅳ）……78

05 **形に注目して分類しよう**（相当する発達段階：Stage Ⅲ－1〜Ⅲ－2）……80

06 **お金そろばん**（相当する発達段階：Stage Ⅲ－2〜Ⅳ）……82

07 **チラシで算数**（相当する発達段階：Stage Ⅲ－2〜Ⅳ以上）……84

08 **九九実感ボード**（相当する発達段階：Stage Ⅲ－2〜Ⅳ以上）……85

09 **ホースが言葉**（相当する発達段階：Stage Ⅰ－2〜Ⅰ－3）……86

10 **基本図形：3次元と2次元**（相当する発達段階：Stage Ⅰ－3〜Ⅲ－1）……87

11 **一対一対応支援キューブ**（相当する発達段階：Stage Ⅰ－3〜Ⅲ－1）……88

12 **1〜10の玉さし**（相当する発達段階：Stage Ⅲ－1〜Ⅲ－2）……89

Contents　9

13 **話す絵本** (相当する発達段階：Stage Ⅲ－1〜Ⅳ) ……90

14 **何しているのかな？　文で書こう** (相当する発達段階：Stage Ⅲ－2〜Ⅳ) ……91

15 **ナイトアクアリウム** (相当する発達段階：Stage Ⅰ－1〜Ⅰ－3) ……92

16 **コースター式玉入れ** (相当する発達段階：Stage Ⅰ－1〜Ⅰ－3) ……93

17 **七つの島** (相当する発達段階：Stage Ⅰ〜Ⅳ) ……94

18 **銭形玉ひも** (相当する発達段階：Stage Ⅰ〜Ⅳ) ……95

19 **カルタ釣り** (相当する発達段階：Stage Ⅰ〜Ⅳ) ……96

20 **見た目の異なる数の分類** (相当する発達段階：Stage Ⅲ－1) ……97

まとめ ……99

おわりに　103

第1章

言葉や数の学習の前に

1 言葉や数の学習の背景

　言葉や数は，人間の思考を支える重要な要素であり，学齢期の子どもたちと身近にかかわる親や教師は，その発達を願わないではいられません。それらを扱う能力の伸長は，学校教育に期待される大きな役割となっています。

　しかし，それらは一足飛びに獲得されるものではなく，一定の基礎的スキルの上に積み重なっていくものです。

　人は誕生前に，すでに外界の刺激に反応していることが胎児の研究でわかってきています。そして，誕生後すぐに嗅覚，味覚，触覚等近位感覚を駆使し，活発な身体運動を通して外界に働きかけます。手を伸ばし，触り，動かし，その子なりの発見と修正を繰り返しながら「こうしたらこうなる」を行動レベルで学び，視覚や聴覚を含めた異種感覚を統合しながら言葉を獲得していきます。「認知発達」といわれるその過程では，当初，各感覚チャンネルはバラバラに働き，手を伸ばしたときには視線が外れ，視覚で捉えたときには手が離れている等が起こりがちです。

　特に，障害のある子どもの場合はこの状態が長く続き，そのために外界との相互交渉が滞って，「学びにくさ」の要因となっている可能性があります。加えて，しばしばこれらの諸感覚の育ちがアンバランスなため，周囲の大人は教育目標を見誤りがちになります。例えば，ASDを伴う子どもでは3歳頃から文字を読むことがありますが，その子どもに，文字を読む定型発達児に相応する能力を期待してしまう等です。しかし，たとえ「読んで」「書く」スキルはあったとしても，その背景に「イメージ」がなければ，意味の理解や伝達機能に欠けてしまいます。これは，障害のある子どもだけの話ではありません。なめらかに文章を読んだ7歳の定型発達児が，その背景にある意味を同時に読み取っているかといえばそうではなく，「読むだけで精一杯」な段階があるのです。ましてや療育が必要な子どもにおいては，「読み書き計算」のスキルと「意味を読み取る」スキルがバランスよく育つとは考えにくく，文章題が苦手な子どもが多いのはそれを裏づけています。

　目の前の物（object）が，記憶された過去のイメージ（表象：representation）と照合されたときに，人は「わかった！」という感覚をもつことができます。表象は，「音のした方に注意を向ける」「見た物に手を伸ばす」「発見を共有しようと人を見る」等初期の行為の記憶とともに形成され，視覚と結びついて映像的なイメージとなっていきます。言葉や記号（数字等）を媒介として別のものをイメージする機能を「シンボル機能：symbolic functioning」といい，シンボル機能は，「その物」が目の前になくても，あたかも目の前にあるように人と共有することを可能にします。シンボル機能は，絵や遊びや模倣の中にも現れ，経験を通じて蓄積されたイメージを社会的場面に呼び起こします。例えば，定型発達で2歳を過ぎれば，積み木や葉

っぱを車やお皿に見立て，おしゃべりしながら様々なイメージを友達と共有しようとするでしょう。やがて，〇や×等の記号が「いいこと」「わるいこと」を表すものだということにも気づいていきます。

　言葉や文字や数のレディネスは，そのような社会的な発見の積み重ねの中で培われます。実物と似ても似つかない文字や数字を通して様々な事象を他者と共有できるのは，言葉や文字や数字が，共通のイメージを表すからです。人間は，この機能を駆使することによって高い知能を発達させてきました。ですから，教育においてその育ちが期待されるのは当然です。しかし，それは反復練習のみで達成されるわけではありません。

　特別支援学校の教育において，自立活動の目標における「心身の調和的発達の基盤を培う」が重視されるのは，そのことを示唆しています。障害のある人は発達の「基盤」である認知発達に弱さがあること，初期の行動にさかのぼって基礎を着実に育てる必要があることを意味していると編者は解釈していますが，教師に限らず発達支援の専門家には，表面に現れる「読み書き計算」のスキルのみならず，認知発達の過程に目を向けながら，行為を通した環境との相互交渉により子どもが自発的に学ぶ環境をつくることが求められます。本書が焦点を当てている教材教具を使った学習は，そのようなことを意図した方法の1つといえます。

第1章　言葉や数の学習の前に

2 物に向かう子どもの感覚の使い方の特性

　本書では，教材教具を通した具体的操作の意義の1つを，前述のような，行為的なイメージの形成に見いだしています。編者らは，触覚や運動を使って外界をわかっていく道筋を子どもの行動から読み取りながら，自発的な学びを刺激する道具として，また，教師と子どもがわかり合うための道具として，教材教具を捉えてきました。発達に遅れのある子どもは，その発達過程をゆっくりと詳細に見せてくれる，我々にとっての先生でした。

　一方，ただ遅れのある子どもだけを見ていても，育ちの順序性はわかりません。定型発達児の乳幼児の行動に目を向けることも，人としての共通の順序性を知るために必要でした。

　乳児は，生まれてすぐに，口の周辺にあるものに反応します。母乳の匂いはすぐにわかり，それは，母親の接近を予測する手がかりとなります。その手は母親の肌の感触を知り，その感触は母乳の匂いや味と一緒になって安心できる存在として記憶されていきます。そのようにして，人はまず嗅覚・味覚・触覚等を外界を知る手段として優先的に使います。視覚の機能はそれに追従して育っていくと考えられています（鹿取，2003）[1]。

　図1の左にある感覚・知覚は，それぞれの年齢で優先される感覚を示しています。つまり，人ははじめから見てわかるわけではなく，手を使い，物に働きかけることに伴い視覚の機能が充実していくのです。「今ここ」にない世界（概念や過去・未来）は，形成された視覚的イメージと言葉が結びついて理解されていくものです。もし，絵カードや写真が通じにくい子どもが教室にいたら，編者らはまずそれ以前に優先される感覚，すなわち触覚を使う活動を通して視覚機能を育てることを考えます。ここで「視覚機能」というのは視力のことではありません。見て形や大きさや位置関係がわかる「視知覚」のことをさしています。

　定型発達児は座位がとれるようになると，自然に物を打ち合わせたり積んだりして遊びます。1歳半位から始まる「積む」動作は，積んだものが倒れないようにするために「そこをじっと見る」「見ることにより手の位置を調整する」ことを要求します。また，しばしば穴に指を入れようとしますが，それも指が触れるまで小さな点を「じっと」見ることになるのです。そのようにして，遊びの中で注視の力は安定していきます。2歳になると子どもは平面に働きかけます。靴を揃えたりブロックを並べたりしながら，見比べや線分をたどることを学びます。そして，この遊びを通して形や大きさ，向き等を捉えるようになっていきます。療育相談においては，5歳位で流暢に言葉を話していても，視覚機能がこの段階に似た状態を示す事例を経験することがあります。好きなものはすぐに見つけるので，保護者は視覚に問題があるとは思っていませんが，療育の専門家は「見える」ことと形や大きさや空間の位置関係がわかることの区別をつけて観察する必要があります。

---

[1]鹿取廣人（2003）『ことばの発達と認知の心理学』東京大学出版会

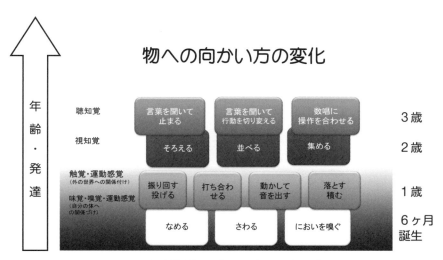

図1 定型発達児の物への向かい方の変化

　視知覚の問題は,「切片パズル」が鮮明に教えてくれます(図2)。
　本人はこれを「りんご」と命名しますが,枠に絵の切断面を合わせた後,迷わずこちらに差し出します。これは,「もうできた」という意味で,あとは見向きもしません。この段階では,枠に絵の切断面を揃えて「パチッ」とはまれば,その感触が操作の終わりなのです。「おかしいね」といわれてもう一度見たとしても,どこがどうおかしいのかわかりません。ようやく線分が目に入ってきた段階なので,線と線を合わせればそれでいいと思ってしまうようです。形の輪郭をなめらかにたどるまでにはもう少し時間がかかります。定型発達の2歳児は,様々な遊びの中で既知の触覚を使いながら,「目で終点や方向を予測する」「なめらかに見る」ことを学んでいきます。「パチッとはまる」ことは,操作が正しいことを示す手がかりとなっているのです。

図2　りんごの切片パズル

第2章の実践例No.1「ジグザグの輪郭線をたどる棒さし」（図3）は，そのような段階の子どもが熱心に取り組む教材です。

　最初は並びの規則性に気づかず，目に入ったところ（山の頂点）から横にさしていってしまいます。支援者の指さしにより「ジグザグ」に気づくと，列の下に視線を移しますが，子どもが行動を起こす前に指さしをしないと，また横にさしてしまいます。大人にはありありと見える「斜め下の穴」ですが，子どもは支援がないと見つけられません。一度下の列にさしても目を離すとすぐに忘れてしまうので，子どもによっては別の手を使って，下の穴を押さえていることもあります。見える空間が狭いこと，見えない位置を覚えているためには，手（触覚）を使う必要があることを教えてくれるしぐさです。

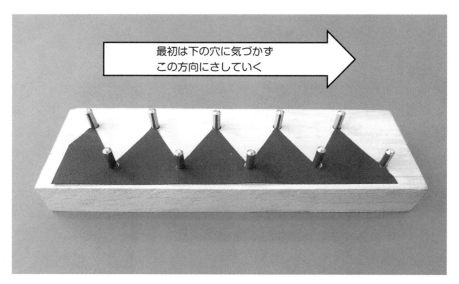

図3　実践例No.1の教材

　これらは，教材教具を使っていたからこそ知り得たことです。図2のパズルをりんごの形に組み立てることができるようになったら，一定の進歩として支援チームで喜びを共有することが可能です。教材教具はそのように，子どもの実態や進歩を表す客観的な指標として位置づけることもできるのです。

3 実践例と特別支援学校学習指導要領との関係

第2章の各実践例の教科や学部は，表1のように整理できます。

表1　実践例一覧

No.	教科	学部	教材名・活動名	Page
1	算数	小学部	ジグザグの輪郭線をたどる棒さし	30
2	算数	小学部	端まで滑らせよう	32
3	算数	小学部	線たどりマグネット	34
4	算数	小学部	いろいろな向きの型はめ	36
5	算数	小学部	形に注目して分類しよう	38
6	算数	小学部	お金そろばん	40
7	算数	小学部	チラシで算数	42
8	算数	小学部	九九実感ボード	44
9	国語	中学部	ホースが言葉	46
10	数学	中学部	基本図形：3次元と2次元	48
11	数学	中学部	一対一対応支援キューブ	50
12	数学	中学部	1〜10の玉さし	52
13	国語	中学部	話す絵本	54
14	国語	中学部	何しているのかな？　文で書こう	56
15	自立活動	高等部（肢体不自由）	ナイトアクアリウム	58
16	自立活動	高等部（肢体不自由）	コースター式玉入れ	60
17	自立活動	高等部（肢体不自由）	七つの島	62
18	自立活動	高等部（肢体不自由）	銭形玉ひも	64
19	自立活動	高等部（肢体不自由）	カルタ釣り	66
20	数学	高等部	見た目の異なる数の分類	68

しかし，知的障害教育では体験を通した学習が重視されるために，実際には，国語と算数の区別がつきにくいことが少なくありません。例えば，№5「形に注目して分類しよう」では，形の分類をしながら，「まる」「さんかく」といった言葉を学びます。そのため，教科名が「算数」，題材も算数的であっても，国語的な学習内容を含んでいます。また，高等部の実践例である№15〜19の対象は，表出言語に乏しい，肢体不自由に知的障害を伴う事例です。題材は民話の読み聞かせであり国語的な印象を受けますが，学習内容は感覚と運動を呼び起こしながら主体的な学びを促し，環境の把握やイメージの育ちをねらった「自立活動」といえます。
　各実践例（教材教具）の表題は，次のようになっています。

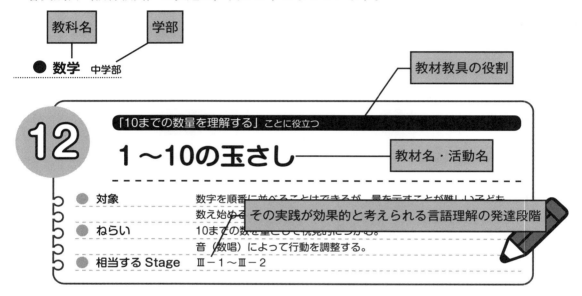

　知的障害者を教育する特別支援学校では，障害の程度に大きな幅があり，また基礎・基本を重視し，個に応じた内容を工夫するため，年齢が高い学部の学習内容がおしなべて高度であるとは限りません。新しい特別支援学校小学部・中学部学習指導要領，及び特別支援学校高等部学習指導要領では，「各教科の目標及び内容」について，「知的障害者である児童（生徒）に対する教育を行う特別支援学校」として，小学部では3段階，中学部は2段階，高等部では2段階で示していますが，各々の段階が示す認知発達の幅は非常に広いものです。さらに，障害が重く，重複している場合には，年齢の低い学年・学部の内容に替えたり（総則第8節「重複障害者等に関する教育課程の取扱い」1の(2)と(4)），自立活動を主として指導する（同8節の4）ことも認められています。
　本書の対象は，多くが上記の「重複障害者等に関する教育課程の取扱い」に該当する子どもです。事例№9から№20の「中学部」「高等部」の対象には，小学部の1，2段階や自立活動に当てはまる実践が行われており，そのため，表1で示した「学部」は，当該学部で実際に行ったことを示し，「その学部で行うのが適切」という意味ではないことにご注意ください。

以下に，特別支援学校小学部・中学部学習指導要領（平成29年4月告示）の国語・算数・数学の「教科の目標」を抜粋します。

特別支援学校小学部・中学部学習指導要領　第2章　各教科　第1節　小学部
第2款　知的障害者である児童に対する教育を行う特別支援学校
第1　各教科の目標及び内容

国語[2]

学部	小学部	中学部
教科の目標		
言葉による見方・考え方を働かせ，言語活動を通して，国語で理解し表現する資質・能力を次のとおり育成することを目指す。		
知識及び技能	日常生活に必要な国語について，その特質を理解し適切に使うことができるようにする。	日常生活や社会生活に必要な国語について，その特質を理解し適切に使うことができるようにする。
思考力，判断力，表現力等	日常生活における人との関わりの中で伝え合う力を身に付け，思考力や想像力を養う。	日常生活や社会生活における人との関わりの中で伝え合う力を高め，思考力や想像力を養う。
学びに向かう力，人間性等	言葉で伝え合うよさを感じるとともに，言語感覚を養い，国語を大切にしてその能力の向上を図る態度を養う。	言葉がもつよさに気付くとともに，言語感覚を養い，国語を大切にしてその能力の向上を図る態度を養う。

算数・数学[3]

学部	小学部	中学部
教科の目標		
数学的な見方・考え方を働かせ，数学的活動を通して，数学的に考える資質・能力を次のとおり育成することを目指す。		
知識及び技能	数量や図形などについての基礎的・基本的な概念や性質などに気付き理解するとともに，日常の事象を数量や図形に注目して処理する技能を身に付けるようにする。	数量や図形などについての基礎的・基本的な概念や性質などを理解し，事象を数理的に処理する技能を身に付けるようにする。
思考力，判断力，表現力等	日常の事象の中から数量や図形を直感的に捉える力，基礎的・基本的な数量や図形の性質などに気付き感じ取る力，数学的な表現を用いて事象を簡潔・明瞭・的確に表したり柔軟に表したりする力を養う。	日常の事象を数理的に捉え見通しをもち筋道を立てて考察する力，基礎的・基本的な数量や図形の性質などを見いだし統合的・発展的に考察する力，数学的な表現を用いて事象を簡潔・明瞭・的確に表現する力を養う。
学びに向かう力，人間性等	数学的活動の楽しさに気付き，関心や興味をもち，学習したことを結び付けてよりよく問題を解決しようとする態度，算数で学んだことを学習や生活に活用しようとする態度を養う。	数学的活動の楽しさや数学のよさに気付き，学習を振り返ってよりよく問題を解決しようとする態度，数学で学んだことを生活や学習に活用しようとする態度を養う。

　このように，新しい学習指導要領では，各教科の目標を「知識及び技能」「思考力，判断力，表現力等」「学びに向かう力，人間力」に分け，教育内容を全人的に捉えようとしています。本書のねらいも同様に，単に国語・算数（数学）の知識・技能を高める方法を伝えようとして

---

[2] 文部科学省（2018）『特別支援学校学習指導要領解説 総則等編（幼稚部・小学部・中学部）』開隆堂　pp.354-355
[3] 文部科学省（2018）『特別支援学校学習指導要領解説 総則等編（幼稚部・小学部・中学部）』開隆堂　pp.364-365

第1章　言葉や数の学習の前に

いるのではなく，教材教具を媒介とした人と人とのやりとりを通して，学びに向かう子ども自身の力を高めようとするものです。

　各段階で示された目標や内容は解説書（各教科等編）[4]をご参照いただくこととして，ここでは，その要点のみ抜粋します。

【国語（小学部）】

1段階	言語文化に触れる，言葉による関わりを受け止める，自分の思いをもつ，言葉を使おうとする
2段階	言葉が表す事柄を想起する，身近な人との会話を通して物の名前や動作などに触れる，日常生活で使われている平仮名を読む，写し書きやなぞりをする，読み聞かせに親しむ
3段階	出来事の順序を思い出す，言葉には物事の内容を表わす働きがあることに気づく，文の中の主語や述語，助詞の使い方により意味が変わることを知る，昔話や神話，伝承などの読み聞かせを聞き，言葉の響きやリズムに親しむ

【国語（中学部）】

1段階	日常生活や社会生活に必要な国語の知識や技能を身に付ける，人との関わりの中で自分の思いや考えをもつ，見聞きしたことを書き留める，分からないことを聞き返す，順序立てて考える，文の構成や語句の使い方に気を付けて書く，
2段階	日常生活や社会生活，職業生活に必要な国語の知識や技能を身に付ける，筋道立てて考える，豊かに考えたり想像したりする，長音，拗音，促音，撥音などの表記や助詞の使い方を理解し使う，自分の思いや考えをまとめる，幅広く読書に親しみ，本にはいろいろな種類があることを知る

【算数（小学部）】

1段階	身の回りのものの有無に気づく，3までの数的要素に気づく，対応させたり組み合わせたりするための技能を身に付ける，上下前後，量や大きさに気づき，違いに応じて関わる
2段階	10までの数の概念や表し方がわかる，ものと数との関係に関心をもつ，量の違いに気づく，形に着目し，集めたり分類したりする，簡単な絵や記号を用いる，読み取る技能を身に付ける
3段階	100までの数の概念や表し方を理解する，加法，減法の意味を理解する，身の回りにある長さや体積など量の単位と測定の意味を理解する，簡単な絵や記号を用いて整理する

【数学（中学部）】

1段階	3位数程度の整数の概念を理解する，加法，減法及び乗法の意味や性質を理解する，図形を作図したり，構成したりする技能を身に付ける，体積，重さ及び時間の単位と測定の意味を理解する，身の回りにあるデータを分類整理して，簡単な表やグラフに表す，データの特徴に着目する，数学的に表現，処理する，数学で学んだことを生活や学習に活用する
2段階	4位数までの数の表し方や順序を理解する。整数の加法，減法，乗法，除法の意味や性質を理解し計算ができる，小数，分数の意味や表し方を知り，数量との関係を読み取る，単位に着目して，数の表し方や計算の仕方を見出す，図形を作図，構成する，図形を構成する要素や位置関係に着目する，面積や角の大きさを求めたりする，2つの数量の関係や変化の様子を表や式，グラフで表す，割合によって比べる技能を身に付ける，データを表や棒グラフ，折れ線グラフで表す，読み取り方を理解する，身の回りの事象から数学の問題を見出す，それらを日常生活に生かす

　本書でご紹介するのは，とりわけこれらの基礎である「心身の調和的発達の基盤」に着目し

---

[4] 文部科学省（2018）『特別支援学校学習指導要領解説 各教科等編（小学部・中学部）』開隆堂

た実践です。そのため，「自立活動」の視点が学習を進める上で重要になります。「自立活動」は，学校教育法第72条に示された「特別支援学校の目的」の後段，「障害による学習上又は生活上の困難を克服し自立を図るために必要な知識技能を授ける」に対応するものとして，特別支援学校の教育課程において特別に設けられている指導領域です。その目標を以下に示します。

特別支援学校小学部・中学部学習指導要領　第7章　自立活動

第1　目標

> 個々の児童又は生徒が自立を目指し，障害による学習上又は生活上の困難を主体的に改善・克服するために必要な知識，技能，態度及び習慣を養い，もって心身の調和的発達の基盤を培う。

新しい特別支援学校学習指導要領の解説書「自立活動編（幼稚部・小学部・中学部）」では，第3章「自立活動の意義と指導の基本」の2「自立活動の指導の基本」の(4)「知的障害者である幼児児童生徒に対する教育を行う特別支援学校の自立活動」として，知的障害を対象とした自立活動の役割が明示されました[5]。

> 知的障害者である幼児児童生徒に対する教育を行う特別支援学校に在学する幼児児童生徒には，全般的な知的発達の程度や適応行動の状態に比較して，言語，運動，動作，情緒，行動等の特定の分野に，顕著な発達の遅れや特に配慮を必要とする様々な状態が知的障害に随伴して見られる。そのような障害の状態による困難の改善等を図るためには，自立活動の指導を効果的に行う必要がある。

ここでは，「知的障害には発達の顕著な不均衡さが伴う（苦手な部分と得意な部分の差が大きい）」という認識が示されており，自立活動は，その不均衡さや特に配慮を必要とする状態に対して設定される指導領域であることが位置付けられています。「心身の調和的発達の基盤」は，物をじっと見ること，見てそれが何かわかること，思った方向に物を動かすことなど，感覚・運動，知覚を通した認知の育ちや人とかかわりながら学ぼう，育とうとする心の動きを示唆するものです。また，自立活動の「自立」は，身辺自立や経済的自立に限らず，「主体的に自己の力を可能な限り発揮し，よりよく生きていこうとすること」[6]と説明されています。本書の趣旨はそれと限りなく重なり，感覚・運動，知覚，認知に関する学習を通して，子どもたちが主体的に力を発揮して力強く社会に参加していくことを支援するものです。

---

[5]文部科学省（2018）『特別支援学校教育要領・学習指導要領解説　自立活動編（幼稚部，小学部，中学部）』p41　開隆堂.
[6]文部科学省（2018）『特別支援学校教育要領・学習指導要領解説　自立活動編（幼稚部，小学部，中学部）』p49　開隆堂.

発達評価との関係

　特別支援学校小学部・中学部学習指導要領の総則，第1節「教育目標」では「児童及び生徒の障害の状態や特性及び心身の発達の段階等を十分考慮して…目標の達成に努めなければならない」としています。また，第3節「教育課程の編成」の3-(1)，「内容等の取扱い」クには「知的障害の状態や経験等に応じて，具体的に指導内容を設定するものとする」，第7章「自立活動」においては，その目標を「個々の児童又は生徒が自立を目指し，障害による学習上又は生活上の困難を主体的に改善・克服するために必要な知識，技能，態度及び習慣を養い，もって心身の調和的発達の基盤を培う」とし，第3「個別の指導計画の作成と内容の取扱い」では「5　自立活動の指導は，専門的な知識や技能を有する教師を中心として，全教師の協力の下に効果的に行われるようにするものとする。6　児童又は生徒の障害の状態等により，必要に応じて，専門の医師及びその他の専門家の指導・助言を求めるなどして，適切な指導ができるようにするものとする」としています。そのため，最近では心理検査を取り入れてその状態を特定し，より精度の高い実践を目指す特別支援学校が増えています。検査の種類や尺度は様々ですが，知的障害特別支援学校の児童生徒は一般に言語教示による検査では十分に評価できないことが多いため，特に義務教育段階では知能検査よりも発達評価がよく使われています。

　本書では，無シンボル期から概念形成期を主な対象とした発達評価法として知られている「太田ステージ評価」[7]を指標として，各実践例の認知発達を示しています。これにより，実践例の状態像はより鮮明に描かれ，読者自身が担当しているどの子どもに合う実践なのかが判断しやすくなると考えました。

　立松（2011）[8]は，教育活動の中でのおよその行動特徴を，この「太田ステージ評価」を使って分類しました（表2，表4）。「太田ステージ評価」の操作法についてはここでは触れませんが，ここでの「Stage」とは，前述した「シンボル機能」の発達段階を表すものです。StageⅠはピアジェによる感覚運動段階（言葉の理解に乏しい段階），StageⅡはシンボル機能の芽生え段階，StageⅢ-1は，シンボル機能が確実になった段階，StageⅢ-2は比較の概念の芽生えの段階，StageⅣは，基本的な概念が形成された段階と定義されています。「シンボル機能」は，目の前にないもの（物のイメージや概念や予定や人の気持ちや時間等）の操作を司るため，編者はStageを，考える力につながる機能の発達を表すと考えています。また，人の気持ちを察する，空気を読む等，見えないものを想像する能力と重なるため，子どもとの相互交渉において観察できる社会性の状態像を，Stageで整理することも可能です（表2）。

---

[7] 太田ステージ評価の理念と操作法：太田・永井・武藤（2015）『自閉症治療の到達点　第2版』日本文化科学社
[8] 「太田ステージ評価」の操作法と学校教育への応用：立松英子（2011）『発達支援と教材教具Ⅱ－子どもに学ぶ行動の理由－』ジアース教育新社，立松英子（2015）『発達支援と教材教具Ⅲ－子どもに学ぶ，学習上の困難への合理的配慮－』ジアース教育新社　をご参照ください。

表2　Stage別　社会性の状態像

Stage Ⅰ　　　　　発信行動が芽生える
Ⅰ－1　周囲に快不快が伝わる
Ⅰ－2　「クレーン現象」などにより，周囲に要求があることが伝わる
Ⅰ－3　指さし，身振り，サインにより周囲に要求の対象が伝わる
　　　　　・人の見た方や指さした方をつられて見る
　　　　　・人の注意を引きたくて指さしを使う
　　　　　・人の表情をうかがう（社会的参照）
Stage Ⅱ　　　　　言葉や身振りを使った大人への発信が明確になる
　　　　　・大人の表情を見て判断するなど，大人を基点にした行動が増える
　　　　　・わざと叱られる行動をして大人を試すことがある
Stage Ⅲ－1　　　見本や記号を使った指示や評価が理解できるようになる
　　　　　・見本を理解する
　　　　　・すぐそばにいる友達と同じことをしようとする
　　　　　・○や×などの記号による評価を気にする（○をもらって喜び，×で落胆する）
Stage Ⅲ－2　　　友達に関心が広がる
　　　　　・友達に合わせて行動を調節する
　　　　　・友達関係の中で勝ち負けや優劣を気にする
　　　　　・「雨だから（外に行かない）」などと，言葉で行動を仕切りなおす
Stage Ⅳ　　　　　大人の指導の後に，子ども同士で協力して活動ができる
　　　　　・ルールを意識して守ろうとし，人にも要求する
　　　　　・集団の中で，人の役にたとうとする
Stage Ⅴ　　　　　自分から人に気遣いをする
　　　　　・友達同士で話し合って役割分担をする
　　　　　・人と協力して何かを成し遂げることを喜ぶ

　これらにはもちろん個人差がありますが，人間の発達としての共通性・系統性を知っておくことは，子ども理解の強力な手がかりとなるでしょう。例えば，StageⅡでは，「わざと叱られる行動をして大人を試す」のはよくあることであり，人の心が自分とは違う動きをすることに気づいてきたからこそ出てくる行動です。体が大きくなった障害のある子どもでは，「問題行動がひどくなった」と受け取られがちですが，発達の過程で起こる症状と考えれば，それのみを矯正するということにはならないでしょう。「太田ステージ評価」では，目の前の行動に囚われずに，発達の枠組みの中で考えていく必要性を強調しています。

　「太田ステージ評価」はピアジェの認知発達段階を参考に組み立てられており，各Stageをピアジェの分類に照らすと，よりわかりやすくなります。

第1章　言葉や数の学習の前に　23

表3 ピアジェの認知発達段階とStageとの関係

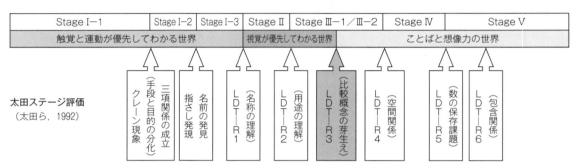

（立松英子『発達支援と教材教具Ⅱ－子どもに学ぶ行動の理由－』（ジアース教育新社，2011年）p24, 資料1 Piageの発達段階と太田ステージ評価との関係より引用※一部改変 「LDT-R」は，Stageの判定のための下位検査のこと）

表4 Stageによる外界理解の広がり

	StageⅠ	StageⅡ～Ⅲ-1	StageⅢ-2以上	StageⅣ以上
優先される感覚	触覚と運動を中心とした理解	見てわかることが優先する（マッチングを楽しみ始める）	視覚を手がかりに言葉で理解する	諸感覚の統合 視知覚の遅れが目立つようになる
理解言語	文脈の中で言葉を合図のように聞いて動く	身近な物の名前を理解し，名称や動作語を学習しようとする 身振りで意思を伝えようとする	概念の芽生え／言葉で気持ちを切り換えられるようになる	理由や因果関係を言葉で説明できる
指示伝達	物を手渡す，指さし，特定の身振り，特定のカード／年齢が高くなると，状況判断で言葉の指示を理解する	*視覚的見本が成立する 物の提示，見本の提示，身振り，単語の指示，カードによる手順の指示	言葉と視覚的手がかり（新しい場面では視覚で考える）	言葉で説明し，臨機応変な行動を求めることができる
行動の決定	周囲の刺激や本人の興味関心に応じて反射的に動く	社会的状況では大人の表情を見て判断する	簡単なルールをイメージして判断する	周囲の動きを見ながら変化に応じて自分で判断して行動を決定する
指導単位	個別対応	集団の中で必要に応じて個別対応	大人が主体の小集団での対応／繰り返されたことなら集団への全体指示を理解して行動する	小集団で，あらかじめ大人が決めたルールに従い友達同志で行動する
こだわり	触覚，嗅覚，味覚などの近位感覚／チラチラ感	視覚的：いつもの位置，並べること，集めること／聴覚的：CDなどで特定の場所を繰り返す，同じ答えを期待して何度も質問する／手順や予定／終わり／人	社会的優位性（一番病など）／ルール（人にも守ることを要求する）	好きなこと（人によって独特）
時間の概念	目の前にあることが全て／こだわりのあるもの以外は目を離すと忘れてしまう 習慣化している行動は，自発的に行う	予測が崩れると不安定になる／目の前にないことの順序は整理できない／予定を知らされると即行動しようとする（待つことが難しい）	現在・過去・未来の区別がつく／繰り返された作業手順や予定の順序は頭に置き，終わりをイメージして行動する	指示されれば予定の順序を周囲に合わせて調節できる。相手の立場に立って自ら自分の行動に優先順位をつけることは困難

（立松英子『発達支援と教材教具Ⅱ－子どもに学ぶ行動の理由－』（ジアース教育新社，2011年）p97，表14 目標設定のためのStage別めやすより引用※一部改変）

このような状態像を踏まえて，本書の実践例におよその Stage を当てはめてみました。

ただし，本書の概要の p 5 や p21 で述べたように，知的障害のある子どもでは，Stage（言語理解の能力）と視覚－運動機能の発達はしばしば乖離し，Stage が高くても初期の教材が適している子どもがいるため，Stage は幅広く設定しています，各実践例における主な学習ニーズ（操作面の特徴など）は，右端の列に示しました。

表5　各実践例の Stage と教材操作の特徴

No.	Stage	教材名・活動名	ニーズ
小学部			
1	Ⅰ－3～Ⅳ	ジグザグの輪郭線をたどる棒さし	視線が横に流れ，棒の並びを上下にたどることが難しい。
2	Ⅲ－1～Ⅳ	端まで滑らせよう	広く空間を使ってなめらかに手と目を動かすことが難しい。
3	Ⅲ－1～Ⅳ	線たどりマグネット	1～10に至る数の順序は知っているが，位置がランダムになると数えられなくなる。
4	Ⅲ－1～Ⅳ	いろいろな向きの型はめ	手元を見て物を扱うことが苦手，見ただけでは向きがわからない。
5	Ⅲ－1～Ⅲ－2	形に注目して分類しよう	色の分類から形の分類へ等，基準を変えるときに混乱する。
6	Ⅲ－2～Ⅳ	お金そろばん	金額を表す数字に相当する実際のお金を選ぶことが難しい。10円玉5つと50円玉1つが同じ価値であることが納得できない。
7	Ⅲ－2～Ⅳ以上	チラシで算数	算数に対しての苦手感があり，算数と聞いただけで元気がなくなってしまう。
8	Ⅲ－2～Ⅳ以上	九九実感ボード	九九を学び始めたが，現実との結びつきが理解できず苦手意識をもっている。
中学部			
9	Ⅰ－2～Ⅰ－3	ホースが言葉	言葉が通じにくく広い空間では動き回る。指定した場所にいられず，すぐに飛び出してしまう。

第1章　言葉や数の学習の前に　25

10	Ⅰ−3〜Ⅲ−1	基本図形：3次元と2次元	型はめはできるが，平面のマッチングは困難。
11	Ⅰ−3〜Ⅲ−1	一対一対応支援キューブ	操作が速すぎて，1つ1つに指を置いて数えることが難しい。
12	Ⅲ−1〜Ⅲ−2	1〜10の玉さし	数字を順番に並べることはできるが，量を示すことが難しい。数え始めると，そこにあるものが終わるまでやめられない。
13	Ⅲ−1〜Ⅳ	話す絵本	話すことは好きだが発音が不明瞭で伝わりにくく，もどかしい思いをしている。
14	Ⅲ−2〜Ⅳ	何しているのかな？　文で書こう	日常生活で会話はできるが文章に構成することが難しい。
高等部			
15	Ⅰ−1〜Ⅰ−3 （肢体不自由）	ナイトアクアリウム	物を注視することに支援が必要。自分の動きと環境の変化との関係に気づきにくい。
16	Ⅰ−1〜Ⅰ−3 （肢体不自由）	コースター式玉入れ	物の動きを目で追うことに支援が必要。自分の動きと環境の変化との関係に気づきにくい。
17	Ⅰ〜Ⅳ （肢体不自由）	七つの島	自発的に注目し，手を使うことが少ない。言葉のリズムや情景を楽しむが，受け身であることが多い。
18	Ⅰ〜Ⅳ （肢体不自由）	銭形玉ひも	自発的に注目し，手を使うことが少ない。言葉のリズムや情景を楽しむが，受け身であることが多い。
19	Ⅰ〜Ⅳ （肢体不自由）	カルタ釣り	自発的に注目し，手を使うことが少ない。言葉のリズムや情景を楽しむが，受け身であることが多い。
20	Ⅲ−1	見た目の異なる数の分類	1から10までの数字の順序を間違えることはないが，量がわからない。

本書における教材教具を使った学習の最終目標は，読む，書く，計算をする学習の形態をとりながら，子どもが自分で育とうとする意欲を養うことです。「主体的・対話的な深い学び」とは，すなわち，自ら課題を見つけ，支援者や教材教具とのやりとりの中で，その子なりの発見を深めていく過程であり，Stage や，ニーズについての評価は，そのために必要なものといえます。

　各実践における教材教具の役割とねらいの一部を書き出してみました。

表6　各実践における教材教具の役割と具体的なねらい

No.	教材名・活動名	教材教具の役割	実践における具体的なねらい
小学部			
1	ジグザグの輪郭線をたどる棒さし	「ガイド線の意味に気づく」ことに役立つ	棒の並びを上下にたどりながら目と手を動かす。
2	端まで滑らせよう	「認識できる空間を広げる」ことに役立つ	空間全体を目で捉えて，広くなめらかに手と目を動かす。
3	線たどりマグネット	「見えないものを予測する」ことに役立つ	ガイド線が方向を導いていることに気づく／見えない数字を想像して当てる。
4	いろいろな向きの型はめ	「向きを理解する」ことに役立つ	型はめのピースを触覚でたどりながら向きを調整する。
5	形に注目して分類しよう	「形の違いに気づく」ことに役立つ	手元のブロックと提示されたブロックを見比べ，基準の属性（形）に合わせて分類する。
6	お金そろばん	「硬貨の種類と位との関係を学ぶ」ことに役立つ	お金の種類を手がかりに，位取りのルールを学ぶ。
7	チラシで算数	「お金や単位と現実との結びつきを学ぶ」ことに役立つ	様々な金額や単位に親しみをもつ。
8	九九実感ボード	「九九と現実との結びつきを学ぶ」ことに役立つ	九九の意味を操作で実感する。
中学部			
9	ホースが言葉	「言葉が通じにくい子が立ち位置を理解する」ことに役立つ	ホースの感触により，立ち位置に気づいてその場にいる。
10	基本図形：3次元と2次元	「平面の形を視覚で捉える」ことに役立つ	見本を見て形を予測する／触覚の手がかりなしで形を捉える。

第1章　言葉や数の学習の前に

11	一対一対応支援キューブ	「順に指を置いて数える」ことに役立つ	間を飛ばさないで数える／指示された数に達したら，自分で動きをとめる。
12	１～10の玉さし	「10までの数量を理解する」ことに役立つ	10までの数を量として視覚的につかむ。
13	話す絵本	「ICT 機器の力を借りながら人に話を伝える」ことに役立つ	話が伝わりにくいもどかしさを解消して，会話を楽しむ。
14	何しているのかな？文で書こう	「身近な出来事から文章を考える」ことに役立つ	写真を手がかりに，自分の言葉で発見を伝える／友達と協力しながら，３語文をつくる。
高等部			
15	ナイトアクアリウム	「自分の動きと環境の変化との関係に気づく」ことに役立つ	環境の変化に興味をもつ。自分の動きと環境の変化との関係に気づく。
16	コースター式玉入れ	「物の動きを目で追う」ことに役立つ	刺激を目で追う。自分の動きと環境の変化との関係に気づく。
17	七つの島	「掴んだり放したりする」ことに役立つ	民話や方言を通じて，リズムの面白さに気づく／掴んだり放したりすることを楽しむ。触覚を通して大小や多少を意識する。
18	銭形玉ひも	「数唱と数の関係に気づく」ことに役立つ	古典落語を通して日本語のリズミカルな響きに親しむ／数唱と数の関係に気づく。
19	カルタ釣り	「目的をもって手を動かす」ことに役立つ	選んだカルタを通して豊かな日本語表現に触れる。
20	見た目の異なる数の分類	「順序数の理解を集合体の理解につなげる」ことに役立つ	見た目が異なるもののマッチングに慣れる。

第2章

教材教具を用いた実践例

● **算数** 小学部

01

「ガイド線の意味に気づく」ことに役立つ

ジグザグの輪郭線をたどる棒さし

● **対象** 棒の並びを目で上下にたどることに困難がある子ども。
物と物との空間関係がわからない子ども。

● **ねらい** 棒の並びを上下にたどりながら目と手を動かす。
棒の並びの規則性に気づいて操作する。

● **相当するStage** Ⅰ－3～Ⅳ

材料

① 厚さ25mmの板，丸棒（市販のダボ[1]等でもよい）

② カラースプレーまたはマーカー等

作り方

① 板を縦8cm，横20cm位に切る。

② 丸棒を3.5cm程度の長さに10本（必要数）切る。市販のダボなら切らずに使用できる。

③ 板の穴をあける位置に10箇所（必要数）印をつける。ランダムなジグザグ，規則正しいジグザグ等，複数作るとよい。

④ ボール盤で印の位置に穴をあける。穴の直径は，棒がすっと入るくらいの大きさ。

⑤ 穴をジグザグにつなぎ，その線を境界線として色を塗る。

使い方

「ランダムなジグザグ棒さし」を先に行ってから，「規則正しいジグザグ棒さし」を行う（穴の位置がランダムであれば，穴を探してより視線を集中しなければならない。そのようにして目の運動を呼び起こしてから規則正しい穴に向かうと，比較的うまくいく）。

① 色を塗ってある側が手前になるように提示する。

② 児童の手首を支え，指でたどってから棒を抜くように促す。

---

[1] ダボ：木材同士をつなぎ合わせる際に使用する木製の棒。直径6mm，8mm，10mm，12mm，長さ2cmから10cmのものがあり，斜めにギザギザの線が入っているのが特徴。
MonotaRO　https://www.monotaro.com/g/02921398/

❸ 棒を抜いたら,さすように促す。抜いた棒をどのように並べるか（順番に置くか,バラバラに置くか等),順番にさすかどうかも注意深く見守る。
❹ すべての棒をさした後に,もう一度棒を指でたどるように促す。
 「規則正しいジグザグ棒さし」で輪郭線をたどって棒をさせるようになったら,「穴と穴をガイド線で結んだ棒さし」を行う。

ランダムなジグザグ棒さし

規則正しいジグザグ棒さし

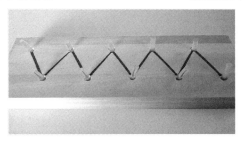
穴と穴をガイド線で結んだ棒さし

主体的・対話的で深い学びを促す支援のポイント

❶ 注目の範囲や目の使い方が,自発的な操作（さし方）に現れる。そのため,支援者は最初から指導するのではなく,児童がどのような方法で棒を抜いたりさしたりするかをよく観察する。たとえ順番に抜きさしできなくても,抜けたこと,させたこと自体を賞賛する。
❷ 児童のやり方（認知の仕方）がわかったら,さりげない指さし等で,隣接する棒に気づけるようにする。棒は支援者が1本ずつ手渡す方がよい。

児童の様子

 この段階の児童は,目立つところに注目し,教材の全体像を見ないで反応しがちである。写真の教材であれば,上下にジグザグになっていることに気づかず,頂点（上の1列）をさしてから,支援者に促されて下の列に気づく等である。

● 算数　小学部

02

「認識できる空間を広げる」ことに役立つ

端まで滑らせよう

● **対象**　　　手の動きがぎくしゃくし，なめらかに手と目を動かすことが苦手な子ども。

● **ねらい**　　手を動かす前に視覚で方向を予測する。
空間全体を目で捉えて，広くなめらかに手と目を動かす。

● **相当する Stage**　Ⅲ－1～Ⅳ

材料

1. シナベニヤ　厚さ5mm
2. コノエダブル[2]　直径27mm
3. 強力マグネット　直径6mm
4. 5mm角材，強力両面テープ

作り方

1. シナベニヤを30×40cm位に切る。
2. シナベニヤの中心（出発点）や四隅に，直径5.5mmの穴をあける（深さはマグネットの厚み分）。木槌を使い，強力マグネットを埋め込む。
3. コノエダブルがスムーズに動く幅のレールを作る。角材と強力両面テープを使用すると簡単に作れる。
4. 木槌を使い，コノエダブルの真ん中の穴に強力マグネットを埋め込む。

使い方

1. コノエダブルをシナベニヤの中心に置いて提示する。
2. コノエダブルに指を置いて終点まで滑らせるように促す。

---

[2]コノエダブル：㈱コノエ製の測量機器。アスファルトや砂利道に使う樹脂性の目印。
GinzaSurveyingSupplies から販売。Amazon Business 等でも購入可。

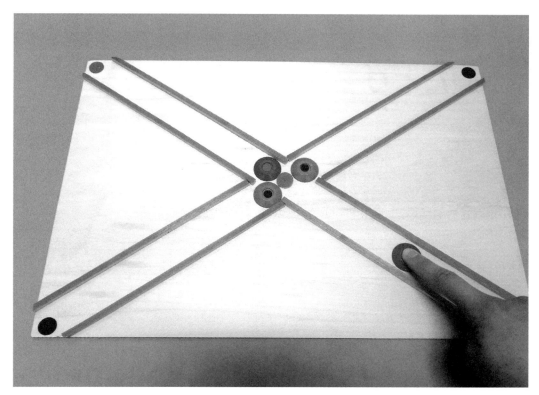

端まで滑らせよう

主体的・対話的で深い学びを促す支援のポイント

1. 手の動きより先に視線が終点に向かうかどうか,学習中の児童の視線をよく観察する。
2. 終点に強力マグネットを使用すると,強力マグネットを埋め込んだコノエダブルが「バチッ」という音とともに吸いつき,終点を意識しやすい。

児童の様子

最初は,追視がぎこちなく,よく見ないで手を動かそうとする。終点が予測できるようになると,先に終点を見てからねらいを定めてコノエダブルを動かすようになる。

● **算数** 小学部

03

「見えないものを予測する」ことに役立つ

線たどりマグネット

● **対象**　先を予測して自分から動いたり，考えたりすることが苦手な子ども。
10までの数の順序は知っているが，位置がランダムになると数えられなくなる子ども。

● **ねらい**　ガイド線が方向を導いていることに気づく。
見えない数字を想像して当てる。

● **相当する Stage**　Ⅲ－1〜Ⅳ

材料

1. 丸いマグネット
2. A4用紙
3. A4クリアファイル
4. 提示板（マグネットが貼りつくもの。市販のホワイトボードで可）

作り方

1. 「1」〜「5」または「10」の数字をつなぐシートを作成する。
2. 一直線に並んだもの，規則的に並んだもの，不規則なもの，交差したもの等，様々なバリエーションを作る。
3. シートをクリアファイルに入れ，提示板に載せて提示する。

使い方

1. 数字を順に唱えながらマグネットを置いていく。
2. 「1」からマグネットを外して数字を順に確認する。児童の実態によって，「5」または「10」から逆に外してもよい。
3. 「1」のマグネットを外して出発点を確認し，指示された数まで線をたどって該当の数のマグネットを外す。
4. 「1」のマグネットを外して出発点を確認し，支援者の指さしたマグネットの下の数字を答える。

安価で手軽に作れる教材だが，児童の実態によって幅広い工夫や使い方ができる。例えばStage Ⅳでは，「○の次の数」「○の前の数」等と出題の仕方を変えることで言葉の学習になる。さらに学習が進んだら，その数を見つけた理由を説明させてもよい。支援者が「○の次だから」「△と□の間だから」といった説明文のモデルパターンを示すと，より答えやすくなる。

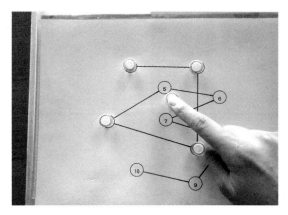 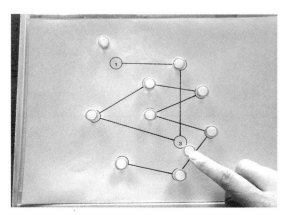

線をたどりながら「1」から順番にマグネットを置く　　数字を見ないで指示された数の場所を予測する

主体的・対話的で深い学びを促す支援のポイント

❶ マグネットや用紙のサイズは，対象児童の手の操作性や視野範囲を考慮して決める。最初は「5」くらいから始め，連結線は交差させないで順番を予測しやすくする。

❷ 児童の実態に応じて様々なバリエーションが可能である。数字と数字の距離が離れ，線が交差しているものほど難しい。

❸ 学習中の児童のたどり方をよく観察する。例えば，
　・マグネットに指を当てながらたどるのか，目だけでたどるのか。
　・常に「1」からたどるのか，「5」または「10」からさかのぼることができるのか。
　・見えている数を頼りに予測することができるのか。

❹ 隠れた数字を探すために，近くのマグネットを手当たり次第に外そうとする場合は，数の順番を予測させる線の意味が理解できていないことになる。支援者は対象児の視線の動きをよく観察し，どこでつまずいているかを把握し，児童の手を取って順にたどることを教えていく。

❺ 「1」からたどって数を見つけることができる児童の場合は，自分で答えを導き出せたことを認めつつ，途中の見えている数字を出発点にたどっていけばいいことや，後ろからたどってもいいことにも気づけるようにしていく。

● 算数　小学部

04 いろいろな向きの型はめ

「向きを理解する」ことに役立つ

● 対象　　　手元をよく見て物を扱うことが苦手で，見ただけでは向きがわからない子ども。

● ねらい　　型はめのピースを触覚でたどりながら向きを調整する。
　　　　　　視覚で向きを予測してピースを合わせる。

● 相当するStage　Ⅲ－1〜Ⅳ

材料

1　シナベニヤ　6×15cm位　厚みは，積み木のピースの厚みより，2，3mm薄いもの。
2　ミニ積み木（半円形，直角二等辺三角形，直方体等）（100円ショップ等で購入可能）。

作り方

1　積み木と同じ図形の下書きをする（直接板に描かず，方眼紙等で作成すると，間隔や角度を調整しやすい）。
2　シナベニヤに下書きを載せ，図形の角をキリ等で刺して印をつける。
3　下書きを外し，印を線で結ぶ。
4　糸鋸で図形をくりぬく。
5　図形と同じ大きさの薄いシナベニヤで底板を作り，つける。

使い方

1　ピース（積み木）がはまった状態で対象児の前に提示し，ピースを外すように促す。
2　凹みの形を指でなぞるようにする。「まっすぐ」「ぐるん」等，イメージを言語化して伝えるとよい。
3　ピースを1つずつ提示し，はめるように促す。
4　台の底板にマグネットシートを貼りつけ，ホワイトボード等に固定して提示する。

いろいろな向きの型はめ

主体的・対話的で深い学びを促す支援のポイント

1. ピースは，裏返すのではなく，水平回転させて向きを変えるように促す。例えば，「ぐるぐる」等といいながら一緒にピースを動かし，回すとはまることを伝える。
2. 曲線と直線でできている図形と，直線だけでできている図形とでは難度が異なる。児童が理解しやすい方から行う。

児童の様子

　自分がイメージした向きにするために，台（凹み側）の向きを置き直してしまうことがある。底板をホワイトボードに固定するのはそのためである。

● 算数　小学部

05 形に注目して分類しよう

「形の違いに気づく」ことに役立つ

- 対象　　　　　色から形へと分類の基準を変えるときに混乱する子ども。
- ねらい　　　　手元のブロックと提示されたブロックを見比べ，基準の属性（形）に合わせて分類する。
  場面に応じて柔軟に頭を切り替える。
- 相当するStage　Ⅲ－1～Ⅲ－2

材料

1. 100円ショップで販売している丸，三角，四角に成型されているブロック
2. アクリル絵の具
3. 木工用ボンド
4. トレイ3つ

作り方

1. ブロックをアクリル絵の具で着色する。
2. 絵の具が乾いてから，木工用ボンドを塗る（つや出しと塗装はがれ防止のため）。

使い方

1. 形の名称をいいながらトレイに見本のブロックを入れて提示する。最初は，見本を同じ色にする。
2. 丸，三角，四角のブロックを手渡し，色別の見本の下に分類するよう促す。
3. 同じ色でできるようになったら，違う色で「形」に注目しながら分類する。
4. 大きさの異なるブロックでも「形」に注目して分類する。

 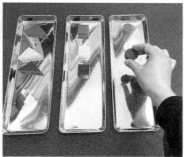 

| 同じ色の方が形に注目しやすい | 色が異なっても同じ形ということがはっきりわかる | 色が違っても，形に注目して分類する分け方もあるということに気づかせる |

主体的・対話的で深い学びを促す支援のポイント

❶ この段階では，日常生活の中でも何となく流れに乗って朝の支度や着替え等に取り組めるようになっている児童が多く，雰囲気や場面から視覚で判断して動いていても，「わかっている」と思われがちである。この教材では，最初に見本の色を同じにして提示することで，「色」の属性ではなく形の属性に注目しなければならないことに気づかせる。色や形を表す言葉の学習であると同時に，場面に応じて頭を切り替えることにつながる基礎学習である。

❷ 金属製の（光る）トレイを使うことで注目を促し，縦に長いトレイは，上から下への視線の動きを誘う。そのことにより，縦に同じ物を並べることに気づきやすくなる。

❸ 形の違いに気づく過程では，最初は触覚が優先して，何回も角を触って確かめることが多い。そのため，角の触覚的な違いがはっきりわかる形（丸と三角等）を使う。

❹ 見本と同じ形を選ぶことが難しい児童は，「型はめ」等，触覚で正解を感じる課題に戻した方がよい。

児童の様子

　縦に同じ形を集めることに気づかない児童は，各皿に1つずつ置こうとする。指さし等で方向を示すことが必要になる。

　一度見本と同じ形を置いた後で，隣のトレイの見本にかざし，「違う」ことを確認してもとのトレイに置き直すことがある。離れた場所で「見比べる」ことが難しいことを示すしぐさであると同時に，児童が自分で出した正解に納得する瞬間でもある。この瞬間に褒めると，大変嬉しそうな顔をすることが多い。

● 算数　小学部

06 お金そろばん

「硬貨の種類と位との関係を学ぶ」ことに役立つ

- **対象**　金額を表す数字に相当する実際のお金を選ぶことが難しい子ども。
  10円5つと50円玉1つが同じ価値であることが納得できない子ども。
- **ねらい**　同じ数字でも位によって大きさが異なることに気づく。
  お金の種類を手がかりに，位取りのルールを学ぶ。
- **相当するStage**　Ⅲ－2～Ⅳ

材料

1. 3（または2.5）㎜厚シナベニヤ　210×300㎜（A4位の大きさ）
2. 5㎜檜角材
3. タイル5枚
4. 硬貨（5円玉，50円玉，500円玉，各1枚　1円玉，10円玉，100円玉，各4枚）
5. その他（両面テープ，マスキングテープ，赤色ラッカースプレー，数字カード用紙等）

作り方

1. シナベニヤの上に角材，硬貨，タイルを並べ，大きさと位置関係を決める。
2. シナベニヤの中央部を赤色ラッカースプレーで着色する。着色しない部分はマスキングテープと新聞紙で覆ってからスプレーをかける。
3. 檜角材を両面テープで貼りつける。
4. タイルにラベルライターで作成した1000円のシール4枚と5000円のシール1枚を貼る。
5. 数字カード（1から9までは各4枚，0は3枚）を作る。中央の赤い部分（赤色部分）に入れたものが，その位の金額になる。

使い方

1. 「赤い色の部分に移動させた硬貨がその金額である」というルールを確認する。
2. お金そろばんの部屋（位）の名前を確認する。一の位の部分を「1円の部屋」，十の位を「10円の部屋」，百の位を「100円の部屋」と呼ぶ。その部屋に入る金種は決まっていることを伝える。

❸ 赤色部分に何も入っていない場合は「０」であることを確認する。
❹ 支援者が１円から10円まで数えながら，硬貨を赤色部分に動かしてみせる。最初は１円玉で行う。お金そろばんのルール（上記の３項目）が理解できたら金額の桁を増やす。
❺ 数字カードで提示された金額の硬貨を，お金そろばんの赤色部分に移動させる。
❻ 新聞の折り込み広告を見て，その品物の金額をお金そろばんに置く。
❼ カードで提示された金額を，お財布の中から取り出す。

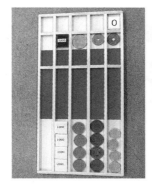
０円

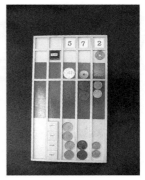
572円

主体的・対話的で深い学びを促す支援のポイント

❶ 支援者が見本動作を見せて，次に児童が自分で操作するようにする。
❷ 苦手意識をもっている児童には，できるだけ失敗をさせないようにする。そのためには，提示する金額は単純なものから始め，徐々に難易度を高くする。難易度は次の順になる。
㋐４以下の数字を使用する金額（例）３円　13円　143円等，㋑５の数字を使用する金額（例）５円　55円　555円，㋒６以上の数字を使用する金額（例）116円　663円　769円等，㋓０を含む金額（例）320円　302円　300円等

児童の様子

　児童は，教材を見て「本物だ！」といって操作することを楽しんだ。そして，ルールを理解して１桁，２桁，３桁，４桁と順を追って提示された金額を置けるようになった。途中，０が入ると混乱する場面が見られたが，上部に置かれているカードを手がかりにして硬貨を動かした。慣れるに従って，カード（視覚的手がかり）を徐々に外し，言葉で伝えるだけにした。時々，部屋（位取り）を間違えた。カードなしでも硬貨の移動ができるようになってきてから，新聞の折り込み広告を見て，自分の好きな商品の値段をお金そろばんの上に置くことを楽しんだ。
　10の合成分解がまだ十分でない児童であったが，興味関心と生活経験に助けられ，短期間で４桁の金額（４種のお金）を置けるようになった。また，日々の話の中にも具体的な金額が出てくることが多くなった。さらには，位に対して理解が進むと，友達のパワーを数字で表す遊びをするようになった。立てて提示することや持ち運びの便利さを考えると，硬貨やタイルの裏に磁石をつけて，縦や裏にしてもバラバラにならない工夫が必要である。

第２章　教材教具を用いた実践例　41

● 算数　小学部

07 チラシで算数

「お金や単位と現実との結びつきを学ぶ」ことに役立つ

- ● 対象　　　　算数に対しての苦手感があり，算数と聞いただけで元気がなくなる子ども。
- ● ねらい　　　様々な金額や単位に親しみをもつ。
　　　　　　　身近にあるものの値段や単位を予測する。
- ● 相当するStage　Ⅲ−2〜Ⅳ以上

材料

新聞の折り込み広告（スーパー，不動産，おもちゃ等のチラシ）

作り方

「授業のねらいに沿った選び方」が大切になる。集団での指導で使用するよりも，個別（または小集団）で使用した方が，個々の実態に合わせた使用が可能になる。

❶　学習のねらいを決める。

　数ならば，小さな数なのか大きな数なのか。それとも長さ（mm，cm，m，km），重さ（mg，g，kg，t），量（mℓ，cc，dℓ，ℓ）なのかを決める。

❷　児童が算数をどのように意識しているかを考える。

　⇒質問の選び方の基準となる。算数が嫌いで苦手な場合は，その児童の興味関心に合わせたチラシを選ぶ。例えば，甘い食べ物，ゲームソフト等が掲載されたもの。
「折り込み広告」のみならず，各種カタログショッピングの冊子が利用できる。さらには，クリスマス前に毎年作られるおもちゃ屋のカタログは，児童たちに人気のある最新のおもちゃが載っているので，ぜひ入手しておきたい。

❸　学習のねらいによっては，使用できる広告が限定される場合がある。

折り込み広告

　例えば，「100万円の単位」を考えた場合は車の広告になり，1000万円の単位や億円の単位の場合は住宅販売の広告になる。興味を引きやすいのは実生活でよく使うものだが，年齢が高くなると，「憧れ」を対象とすることも効果的である。

使い方

児童に折り込み広告を1枚ずつ配布する。時間を決めて，指示されたものを探す活動をする。

❶ 数探し…以下の質問で，児童に数を探すように促す。「手にしている広告の中で，一番大きな数を探してください」「一番小さな数字を探してください」「○○（特定の数）に一番近い数字を探してください」等。

❷ 単位のついた数探し…質問の前に，単位の条件をつけて質問をする。例えば，「手にしている広告の中で，mℓのついた一番大きな数を探してください」等。

❸ 言語表現を重視した学習…その子らしい表現を促すために広告を使う。①児童自身で好みの広告を選ぶ。②その広告の中から，欲しい物を選ぶ。③買いたい物，その理由，値段について，各自が発表する。

❹ 買いもの学習…(ア)スーパーのチラシと電卓を児童に配付する。(イ)広告を見ながら夕食のメニューを決めて，買いもの学習をする。(ウ)買った物を，みんなの前で発表する。発表内容は，「なぜそのメニューにしたのか」「お金をいくら使ったのか」「誰とそのメニューを食べてみたいか」等。

主体的・対話的で深い学びを促す支援のポイント

❶ 選択肢としての広告の種類に配慮する。例えば，不動産の広告には98円やmℓは出てこない。そこで，使い方**❶**，**❷**では，同じ種類の広告を用意しておく。

❷ 単位の実感を得るための基準を教室環境に掲示する。

学習したことが実生活に般化するには，環境の中に単位の基準となる物が必要である。そこで，教室内の目につくところに単位の基準となるものを掲示して，それを見ながら学習を進める。例えば，次のようなことがあげられる。

m：壁に1mの長さのテープを掲示する。教室の縦と横の長さや，廊下の長さを掲示する。

mℓ：1mℓの紙製のマス，1000mℓの紙製のマス，1000mℓの牛乳パック。

単位の関係性：mℓとcc，立方センチメートルは同じであるという表示。

重さ：1kg（1000cc，1000mℓ）のペットボトルを用意して，児童たちがそれを持って重さを実感できるようにしておく。

児童の様子

● 同じような商品でもお店によって値段が異なることに気づいた。

● 「mℓの量は小さくドラッグストアの広告にある」等，広告の種類と単位の関係を発見した。

第2章　教材教具を用いた実践例　43

● 算数　小学部

08 九九実感ボード

「九九と現実との結びつきを学ぶ」ことに役立つ

- **対象**　九九を学び始めたが、現実との結びつきが理解できず苦手意識をもつ子ども。
- **ねらい**　九九の意味を操作で実感する。
  操作と九九の式との結びつきに気づいて算数に親しみをもつ。
- **相当するStage**　Ⅲ－2～Ⅳ以上

材料

1. ボール紙（タイルを接着してブロックにするときの台紙），木工ボンド（図1）
2. タイル　450個（1の段から9の段までのブロックになる）（図1）
3. 檜角材　5×5×900mm　4本（図2）（図3）
4. 檜角材　5×5mm×タイル幅　2本（図2）（図3）
5. 厚さ3mmのシナベニヤ　150×1920mm（図4）

作り方

1. 1の段から9の段までのブロック（図1）をそれぞれ作る。タイル幅のボール紙に、タイルを木工ボンドで貼りつけて連結する。例えば、3の段のブロックは、タイルが3個連結したものを10個作る。
2. ブロックに、使用する段の数字をつける。
3. 九九のブロックを並べる台（図2）（以下、「ボード」）を作る。シナベニヤの上に5mm角棒をタイルの幅に合わせて接着する。両面テープで貼ると、剥がれる可能性が高くなるので、この教材は、角棒を木工ボンドで接着すること。

＊5mm角の角材は接着面が狭くて剥がれやすいので厚さ3mmのシナベニヤ（20×1820mmを2枚使用）を使った方が耐久性が向上する。使用するタイルが大きいと9の段で並べるベニヤの長さが182cmを超えてしまうので注意。タイルの滑りがよくなるのでできるだけ塗装するとよい。

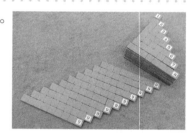

図1　1～9の段のブロック

図2　ブロックを並べるボード

使い方

　ブロックを操作し，九九の意味（2が3個で6になり，2が4個で8になり……2が10個で20となること）が実感できるようにする。

❶　その段の数のブロックを数え，10個あることを確認する。
❷　ボードの上にブロックを置き，その数を数える。
　　⇒「2が1個で2，2が2個で4，2が3個で6……」
❸　10個集めたら，いくつになるかを確認する。
　　⇒「2が10個で20となる」
❹　支援者が九九を読み上げ，児童はタイルを動かして並べる。
❺　児童自身が九九を読み上げながら，タイルを並べていく。

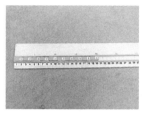
図3　2の段を並べると

主体的・対話的で深い学びを促す支援のポイント

❶　1の段から順に確認していく。
❷　九九の表を前に貼っておき，それを指さして，実際の動作との対応に気づかせる。
❸　それぞれの段を構成する数が10個集まっていくつになるかも一緒に考える。

児童の様子

● 手を動かすことにより，学習への意欲が持続した。
● 視覚的な支援と操作を通じて，無理のない形で，九九の意味を理解することができた。
● 2のタイルが10個集まると20になる学習で「本当になった！」という発言があった。
● それぞれの段で，タイルの塊が10個重なった状態でボードを傾けタイルを滑らして遊ぶのを毎回楽しみにしていた。

図4　ブロックを操作する様子

● 日常生活場面で，意図的に目の前の状況と九九の関係を結びつける問いかけを行った。この問いかけを繰り返して行うと「こんなときは九九だよね」という発言が出るようになった。
● タイルの操作により数が増えていく様子を実感していた。
● 半分の長さの「九九実感ボード」（5の段まで使用可能）も作成したが，ブロックを滑らす距離が短かったため，児童には不評だった。

第2章　教材教具を用いた実践例　45

● 国語　中学部

「言葉が通じにくい子が立ち位置を理解する」ことに役立つ

ホースが言葉

- 対象　　　　　言葉が通じにくく，広い空間では同じ場所にいられない子ども。
- ねらい　　　　ホースの感触により立ち位置に気づいてその場にいる。
　　　　　　　　ホースを見てメッセージに気づく。
- 相当するStage　Ⅰ-2〜Ⅰ-3

材料

1. ビニールホース　内径12mm　外形17mm（通常の蛇口用）
2. ビニールテープ　10cm位

作り方

ビニールホースを内径20cm〜25cm位の円にしてビニールテープでつなぐ。

使い方

　対象は，言葉の指示が通じにくい生徒である。よく動くため体育館等で同じ場所にいることが難しい。体が大きく体重も重ければ，引き留めておくことも難しい。カラーリング等で立ち位置を示してもすぐに出ていってしまう。
　本教材は，視覚的に示すのではなく，その上に両足を乗せることで，触覚的に立ち位置を伝えることがポイントである。そのため，つないだホースの直径は，両足を軽く開いて乗れる位にする。本人に持たせて学習の場所まで移動する。
　最初は両足を上に乗せて，立たせる。何度か繰り返すうちに，踏んだ感触を楽しむようになる。左右に体を揺らして自らその感触を楽しむようになったら，本教材を示すことが「そこにいてください」という指示の代わりになる。市販のロープ[3]等でも代用できるかもしれないが，何といってもビニールホースの感触が生徒には心地よいようである。

---

[3] 市販のロープ：例えば，内田洋行㈱教材総合カタログの型番8-300-0300体操ロープ等

主体的・対話的で深い学びを促す支援のポイント

人は通常，内言語の力で環境に合わせて行動をコントロールしている。しかし，言葉の理解に至らない生徒は，自分自身の行動をコントロールする手段にも乏しく，広い場所や騒がしい場所では注意が次々と移り，些細な刺激に反応して一定の場所でじっとしていることが難しくなる。多くはカードや目印，見本動作，他者の表情を読むこと等，視覚チャンネルを通した指示理解にも困難がある。

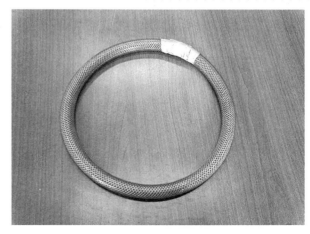

ホースが言葉

言葉が通じにくい生徒は特別支援学校では少なくないが，この生徒たちとは，触覚と運動のチャンネルを通じてコミュニケーションを図るとうまくいくことが多い。例えば，この教材を場所を移動するときに毎回持たせることで，それを持つと教室を移動するということが理解できるようになる。向かう場所の予測ができれば行動も落ち着いてくる。もちろん集中時間は長くはないが，繰り返すうちに定着し，それが外界理解（認知）の手がかりとなっていく。

学校では集団の取り組みが多く，儀式や集会等の場面では落ち着いて過ごすまでに時間がかかる生徒がいる。聴覚刺激に弱く，騒音の中で言葉をかけられるとかえって不安定になることもあり，そんなときは静かに触覚を通じて伝えることが，個に応じた工夫の１つとなる。

生徒の様子

最初は手渡してもすぐ忘れて取り落してしまっていたが，踏む体験を繰り返すうちに視線がホースの教材にチラリと向かうようになってきた。慣れてくると見せるだけでどこにいくかがわかるようになり，体育館では自発的にその上に乗ることが増えてきた。

この応用として，音楽室にいくときは鈴を，陶芸室にいくときは陶芸の本を渡すようにすると，それぞれ目的を理解して，支援者とともに移動することができるようになってきた。鈴を渡しながら「おんがくね」，陶芸の本を渡しながら「とうげいね」と伝えることで，言葉の機能に気づいていくことを期待した。まだ言葉のみでは通じないが，こちらの伝達意図は感じているようである。

● **数学** 中学部

10 「平面の形を視覚で捉える」ことに役立つ
基本図形：３次元と２次元

● **対象**　型はめはできるが，平面のマッチングは困難な子ども。
● **ねらい**　見本を見て，形を予測する。
　　　　　　触覚の手がかりなしで形を捉える。
● **相当する Stage**　Ⅰ－３〜Ⅲ－１

材料

❶ 受け皿２枚：外径９×16cm位の長方形（100円ショップで入手可能）

❷ ３mm厚シナベニヤ　７×14cm位，赤のアクリル絵の具，赤いシート

❸ 型はめのピースと同じ大きさのシート

作り方

❶ シナベニヤは，受け皿にぴったりおさまるように切る。△○□をくり抜く。○は直径３cm位で，△は○の穴に入らないように作る。△○□の穴が開いたら，下から赤いシート（マグネットシートでもよい）を貼る。ピースを赤く塗って木工用ボンドで保護し，乾かす。

❷ はめ板と同じ大きさのシートに，ピースで型をとって同じ大きさの△○□を描く。ラミネート加工をして表面を保護する。

❸ 両方をそれぞれの皿にぴったりとおさめる。

使い方

　対象は，基本図形の型はめ課題をするときに，角を触って○と△の区別をつけていた生徒である。最近，ピースを穴にかざして（押しつけないで）入れるようになったので，触覚の手がかりのない平面のものを作った。

❶ ３次元の型はめで，○を生徒の体の正中に位置づけ，○，△，□の順でピースを入れるように促す（△は尖っているので□より方向がわかりやすい）。

❷ うまくできたら，板を逆さまにして，○，□，▽と入れるように促す（今度は▽は下向きなので，□より気を使う）。

❸ うまく入らないときは回すことを教える。
❹ うまく入ったら，縦にしたりして，様々な向きに合わせるように求める。
❺ 次に平面のシートを使う。型はめと同様に，○からピースを渡す。
❻ うまく合わせることができたら，逆さまにして，形を合わせるように求める。

基本図形：3次元（上）と2次元（下）

主体的・対話的で深い学びを促す支援のポイント

　型はめに押しつけないで入れるようになったら，視覚が触覚よりも優位になり，たどったり見比べたりする機能を発揮し始めたということである。ただ，向きや大きさや形の認知は，触覚によってわかるようになるので，生徒は，向きが変わったときは押しつけて触覚で確かめるだろう。

　本教材は，初めて出会った生徒が，視覚レベルか触覚レベルかを判断するアセスメントの道具として使用することも多い。視覚がうまく機能しない段階では，2次元（写真下）で試すと不安そうな顔をしたり怒り出したりする。

生徒の様子

　先に3次元で実施してから2次元に移ると，比較的安心してマッチングに応じ，また，失敗しないでマッチングができることが多い。そんなとき，生徒は少し不安そうだが得意そうな顔をする。先に型はめをすることによって，視覚が安定するのではないかと考えられる。

● 数学　中学部

11 「順に指を置いて数える」ことに役立つ
一対一対応支援キューブ

- ● 対象　　　　　操作が速すぎて，1つ1つに指を置いて数えることが難しい子ども。
- ● ねらい　　　　間を飛ばさないで数える。
　　　　　　　　指示された数に達したら，自分で動きをとめる。
- ● 相当するStage　Ⅰ-3～Ⅲ-1

材料

1. 1.5×1.5cm位の垂木
2. マグネットシート
3. 数字のシール
4. お菓子の缶の蓋等金属製のプレート

作り方

1. 1.5×1.5cm位の垂木を7mm～1cm位の厚さに切断し，正方形のキューブをたくさん作る。
2. キューブの真ん中に穴を開ける。
3. キューブの裏側から黒い面を下にしてマグネットシートを貼る。

① 　　② 　　③

木工の得意な同僚に❷の段階まで作っておいてもらえば，❸はすぐにできる。15個作れば5までの数列ができる（右の図）。本教材は生徒の実態によって幅広い用途に使うことができる。

5までの数列

使い方

　対象は，物に1つ1つ指を置いて数えることが難しい生徒である。数えるしぐさはするのだが，指の動きがどんどん早くなって数唱と一致しないばかりか飛ばしてしまう。

　一対一対応（目と手の協応動作）が難しい生徒は，並んだ物をたどるように見ることができず，すぐに手の動きから視線が離れてしまう。穴は，その段階の生徒にとっては魅力的な存在である。穴に棒をさしたり指を入れたりすることは，離れかけた視線をそこに戻す役割をする。この教材はそのような特性を生かし，指先に視線を留めることに役立つ。

❶　2つか3つから始めて，順に指を入れることを促していく。
❷　もし，順に指を入れることが難しければ，少し間を離す。

主体的・対話的で深い学びを促す支援のポイント

　指先を介助することは，生徒の主体的な動きを邪魔することになるので極力避ける。手首を下からそっと支えるようにして，手の動きの自発的な調整を支援する。

触覚が手の動きの自発的な調整を支援

生徒の様子

　中学部への入学当時から数えることに興味をもち，数唱らしき発声をしていたが，声と指の動きが合わず，動作の方が声よりも速かった。また，対象を見るより支援者の表情を見て終わりを判断していた。指示された数を手渡す課題では，動作を数で区切るのではなく，置いてある物が全部なくなったときに"終わり"としていた。本教材を使うと，指を使う動作は急に注意深いものになった。1の対象から次の対象に指を移すとき，体全体ではずみをつけて指を移動した。いくつかのキューブを近づけて並べると粗雑な速い動きになったが，それぞれ2cm程離して置くと次の場所をあらかじめ目で捉えてから指を動かすようになった。指を置く前に目でキューブを捉えると，その後の手の動きも調整されたものになった。手の動きが調整されてくると数唱に耳を傾ける余裕が出てきて，数唱が止まると手の動きを止めることができるようになってきた。数える動作が安定したことは，事例の生徒の誇りを満足させたようである。「数学」の時間には背筋が伸び，胸を張って臨むようになってきた。

● **数学** 中学部

12

「10までの数量を理解する」ことに役立つ

1～10の玉さし

● **対象**　　　　数字を順番に並べることはできるが，量を示すことが難しい子ども。

　　　　　　　数え始めると，材料が終わるまでやめられない子ども。

● **ねらい**　　　10までの数を量として視覚的につかむ。

　　　　　　　音（数唱）によって行動を調整する。

● **相当するStage**　Ⅲ－1～Ⅲ－2

材料

① 9mm厚シナベニヤ（タイルの大きさにより大きさは決める）

② 木製の玉（オフィスタスカ　木遊び　№2046）55個

③ 角材　3×3mm（タイルを入れるための枠に使用。タイルの厚さに合わせる）

④ ラミン丸棒

⑤ タイル（数字のシールを貼ったもの）

⑥ その他：アクリル絵の具（玉の色つけに使用），ニス（色の定着のために使用），マグネットシート（土台の裏側につけ，安定するように工夫する），強力両面テープ

作り方

① 木製の玉にアクリル絵の具で色をつけ，乾いた後でニスを塗り，再度乾かす。

② シナ合板の土台にボール盤で穴を開け，各数量の長さに切ったラミン丸棒を入れ固定する。

③ シナ合板の土台に強力両面テープをつけた角材で枠を作る。

④ タイルに数字のシールを貼る。

⑤ 土台の裏面にマグネットシートを貼る（その土台となる板（学習板）はステンレスシートを埋め込み，マグネットがつくようになっている）。

使い方

① 土台をランダムに学習板に並べ，玉を1つずつ手渡す。

② 生徒が玉を棒にさす動きと同時に「1」「1，2」……と数える（数唱が可能な生徒はともに，数唱の難しい場合は，支援者が生徒の動きに合わせて数を唱える）。

❸ 玉を入れ終わったら数字のタイルを渡し，もしくは生徒が玉の数を表す数字を選んで枠に入れ，数字と玉のマッチングを行う。

❹ 最後に左から右に1〜10までの土台を並べ，1つずつ指をさしながら生徒とともに数える。

ランダムに置いた状態

1から10まで順番に並べた状態

主体的・対話的で深い学びを促す支援のポイント

　生徒との数の学習の中で，順序数の理解に比べて，集合数の理解が困難であることを感じて作成した。この教材は「縦に積む」ことで「量」が視覚的に捉えやすいこと，また「さす」という運動感覚によって，数を動きの量として実感できることが特徴である。

❶ 玉の色は数ごとに変えるとわかりやすい（例えば，1は赤，2は青等）。

❷ 生徒が玉をさすという動作に合わせて「1」「1，2」「1，2，3」等の言葉を添え，順序数と集合数の違いを伝える。

❸ 一方，数えるだけで精一杯の場合は，数ごとに玉をくっつけて，1回で入れられるようにする工夫も必要である。

❹ 棒にさして塊となった玉を上から撫でるように触れさせ，視覚と運動感覚だけでなく，触覚を活用して量を伝える。

❺ 数字タイルは最後に渡した方が，集合数の学習につながりやすい。

❻ 本教材では数によって棒の長さに長短をつけたが，最終的にはすべての棒の長さを一律（10と同じ長さ）にし，自分で終わりを決めて動きを止めることにつなげていく。

生徒の様子

　当初は，玉を目についた土台にさすことで精一杯だった。しかし，徐々に土台の棒の長さを事前に見比べ，1から10までの土台を左から順に並べてから玉をさし始めるようになった。生徒なりの工夫であると感じた。また，本教材と同時にタイルの数列版教材を用いて集合数の学習を行った。平面でも量を実感することによって，集合数への理解がより深まった。形の異なる様々な教材教具を使って集合数を学習することで概念の理解が進む。今後，大きな数量の扱いに学習を進め，イメージの中で数を操作するように支援したい。

● 国語　中学部

13 話す絵本

「ICT機器の力を借りながら人に話を伝える」ことに役立つ

- **対象**　話すことは好きだが発音が不明瞭で伝わりにくく，もどかしい思いをしている子ども。
- **ねらい**　話が伝わりにくいもどかしさを解消して，会話を楽しむ。機器の力を借りて伝わる楽しさを知ることにより，伝えたい気持ちを高める。
- **相当するStage**　Ⅲ－1～Ⅳ

材料

1. 音声ペン（グリッドマーク株式会社，G speak）及びシール
2. 絵本が作れるノートや写真，イラスト等

音声ペン
（グリッドマーク㈱のHPより転載）

作り方

1. 音声ペン（G speak）を使って録音する。
   - (ア)音声ペン（G speak）のスイッチを入れる（オレンジボタンの上部が緑色に光る）。
   - (イ) steat rec シールを音声ペンでタップする（緑色が赤色に変わり点滅する）。
   - (ウ)ペンのマイク部分に向かって録音したい言葉を言う。
   - (エ)音声再生シールの録音したい番号のシールに音声ペンのペン先をタップする（録音された場合＝チャリーンという音がする）。この作業を繰り返し行い，シールに録音された音声の種類を増やす。
2. 絵本を作る。
   - (ア)本人の名前の文字が一番上につく物の名前のイラストや写真＋文字＋音声で表す。例えば，「み」の場合はみかんのイラストに文字を表記し録音したシールを貼る。
   - (イ)行事等の写真を貼り，行なったことを文章で書き，録音したシールを貼る。

話す絵本と音声ペン

行事の様子

「み」のつく言葉

使い方

❶ （音声ペン）音声ペンで音を再生：音声ペンのスイッチⒼを入れる（緑色に光る）。録音されたシールに音声ペンのペン先をタップすると，音声が再生される。

❷ （音声ペン）音声ペンで録音：音声ペンと専用シートを使って録音する。

❸ （絵本）音声ペンで1つ1つのシール（支援者があらかじめ録音している）をタップし，音声を再生する。例えば，「み」と1音入っているシールのページには「みかん」「ミッキーマウス」等「みのつく言葉」を表示してあるので順番に音声ペンでタップしていく。生徒が音声を録音したシールを写真に貼る。音声ペンでシールをタップし，再生させて聞く。

❹ （絵本）学校行事等の様子を写真＋文＋シールで表示する。そのシールを音声ペンでタップし，音声を聞きながら振り返りを行う。生徒が話した言葉を録音して写真に貼る。音声ペンでシールをタップし，再生させて聞く。

主体的・対話的で深い学びを促す支援のポイント

❶ 音声ペンは，様々な実態の生徒に使用できる可能性があるが，今回は「スイッチを入れる」⇒「音が再生される」という因果関係が理解できる生徒を対象としている。

❷ 最初に音声ペンの使い方の指導・支援を行う。支援者が音声を再生する手本（スイッチを入れる，シールにタップする，音量の調整ボタンの操作をする）を示す。

❸ 聞いてほしい，表現（発音）できるようになってほしい言葉を明確にすることが大切である。生徒が再生される音声をよく聞くために，支援者は再生時にあまり話しかけないようにする。よく聞く態度が見られたら語彙を増やし，文章表現へとつなげていく。まずは取りかかりやすい学校での生活の様子や行事を題材とし，振り返りの表現等へと広げたい。

やってみたい気持ちを尊重することが大切である。機器を操作する力のある生徒には，録音方法を説明し，声をマイクに向かって出すことから始める。一人でやりたい生徒には，ペンをすぐに渡した方がよい。

生徒の様子

音声ペンでの録音は何回もやり直しがきくので，録音された自分の言葉を聞いて発音を改善することができる。対象の生徒は，録音の方法がわかると，自発的に好きな先生の名前や自分の体験について録音していた。集団の授業場面での取り組みでは，文章を読んで録音したものを友達に聞いてもらう場面を設定し，友達からの感想を聞く場をもった。

第2章　教材教具を用いた実践例　　55

● 国語　中学部

14 「身近な出来事から文章を考える」ことに役立つ
何しているのかな？　文で書こう

- 対象　　　　　日常生活で会話はできるが文章に構成することが難しい子ども。
- ねらい　　　　写真を手がかりに，自分の言葉で発見を伝える。
  　　　　　　　友達と協力しながら，3語文をつくる。
- 相当するStage　Ⅲ-2〜Ⅳ

材料

支援者が簡単な動作をしている写真

作り方

1. 写真を撮る。同じ場面でも人や物が変わるバージョンをいくつか作ることにより，文章を応用する練習となる。
2. ヒントのついた問題用紙を作る。
3. 文章にする枠を作る。

簡単な動作の写真

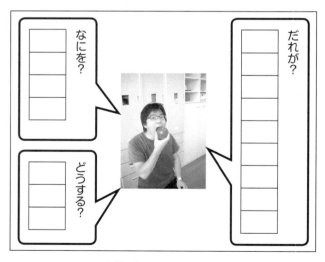

生徒が記入するノート

使い方

❶ 写真を見せて発言を促す。

　左の写真なら「○○先生」「リンゴを食べる」と名詞と動作語が出てくることが多い。2つの言葉をつなげて「○○先生が○○をしている」と一度文章をつくり，一緒に読む。

❷ その他に気づいたことについて発言を促す。

　「○色のシャツ」「時計をしている」「教室」等。何回か取り組むと探すことにも慣れてきて，より詳しい表現ができるようになる。それらを組み合わせ，長い文章や，複文で説明するようにする。上述の写真でいえば「○色のシャツの○○先生が，教室で○○をしている。○○先生は腕時計をしている」等。

❸ 自発的に特徴を見つけ，短い文をつくってから発表する。

　同じ写真でも生徒によって異なる文章になる。それでもよいことを伝え，いろいろな表現を学んでいく。

主体的・対話的で深い学びを促す支援のポイント

❶ 写真を提示することで，見つけたことを分かち合うことができる。目の前にある写真を共通の手がかりとして，みんなで話し合う経験ができる。いろいろな答えが出てきても「写真に載っていれば正解」であることが理解できるかもしれない。

❷ 見つけた場所に○印，同じ時計でも色等より詳しい特徴に気づいた場合は複数の○印をつける等，生徒自身が参加できる操作を工夫するとゲーム感覚で注目を促すことができる。

生徒の様子

　単語の表出があり，3語文程度で日常会話をする生徒は，周囲の大人から「言葉がわかっている」と理解されて口頭で質問や指導をされることが多くなる。しかし，よく観察すると，話している内容と理解している内容にずれがあったり，わかっているように振舞っているだけのこともある。みんながいったから同じことをいう，誰かがいってから自分もいう，といった様子が見られる。友達を攻撃することで自分の立場を守ろうとする生徒もいる。彼らの自信のなさは「間違う」ことへの不安から発生しているのだろう。本教材は，発見に自信をもつことができる視覚的手がかりであり，見つけたことを共有する楽しさを味わうためにも役立つ。

　活動に慣れてくると，単語を思いつき過ぎて文章にならなくなってしまう生徒もいた。助詞をあらかじめプリントに書いておくようにすると，より文章に近い形で表現できた。発見を褒め，文章を一緒に考えていく姿勢で学習を進めていくと，生徒の気持ちはさらに盛り上がる。

第2章　教材教具を用いた実践例

● **自立活動** 高等部（肢体不自由）

15 「自分の動きと環境の変化との関係に気づく」ことに役立つ
ナイトアクアリウム

● **対象** 　　　　物を注視することに支援が必要な子ども。
　　　　　　　　　自分の動きと環境の変化との関係に気づきにくい子ども。

● **ねらい** 　　　環境の変化に興味をもつ。
　　　　　　　　　自分の動きと環境の変化との関係に気づく。
　　　　　　　　　光るものや動きのあるものを注視する。

● **相当する Stage** 　Ⅰ－1〜Ⅰ－3

材料

❶ 500ccのペットボトル（上方と下方にテグスが巻ける溝がある）

❷ ボトル中身：水と蛍光色の魚や蓄光ビーズ等のブラックライトで光り，飲み口から入る物

❸ バナナホルダー，滑車，麻紐，ワイヤー，テグス，ビニールテープ，たこ糸

❹ ブラックライト，半紙もしくは障子紙，ブラックライトパネルシアター用のパネルもしく
は黒地のボード

　＊滑車（ブロック）シングルプーリー，スイブル19mmはDIYで手に入る。

作り方

❶ バナナホルダーに麻紐で滑車を固定する。

❷ ペットボトルの溝（上方と下方）に合わせてテグスを巻きつけ，ワイヤーを通し，ビニー
ルテープで固定する。ワイヤーはもう一方（滑車側）のワイヤーと接続できるように隙間
を空けておく。

❸ もう一本のワイヤーを半円状にし，滑車に通してから両端を外側に丸め，ペットボトル側
のワイヤーと接続できるように隙間を空けておく。

❹ ペットボトルに水を入れて魚やビーズを入れ，蓋をする。

❺ 蓋の下の溝にたこ糸を結びつける。

❻ ペットボトルのワイヤーと滑車側のワイヤーをつなぐ。

❼ ブラックライトパネルシアター用のパネル等の前に半紙，その前方にペットボトルを吊り
下げたバナナホルダーを置く。その下方にブラックライトを置く。たこ糸と生徒が引きや
すい補助具（指を通す輪等）をつなぐ。

使い方

1. 「雨の日の水族館」[4]を読み聞かせる。
   * 本の内容を一部抜粋し，挿絵や水族館の写真を使って紙芝居を作った。
2. ナイトアクアリウムはペットボトルの蓋が上を向いている状態で設置する。
3. 動物たちの謝肉祭『水族館』をBGMで流しながら部屋を暗くする。
4. ブラックライトを点灯する。
5. 支援者が紐を引き，手本を示す。
6. 手に紐を固定し，引っ張る。するとペットボトルが逆さになり，水とともに魚が動く。

 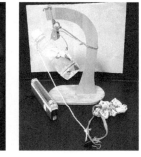

ブラックライト点灯後　　　配置の様子

主体的・対話的で深い学びを促す支援のポイント

1. はじめは黒幕だけで部屋の電気を消さなかったところ，明るすぎて注目しにくかった。次に部屋の電気を消すことにしたが，ブラックライトだけでは暗くなりすぎ，かえって見にくくなったので，半紙を背景に置いた。それによって青白い光になり中身が見やすくなり，海らしい演出もできた。
2. BGMを流すことで活動を期待させるようにした（待っている間に寝てしまうこともあったので，待ち時間に工夫を加えた）。
3. 設置の仕方や紐の長さや持ち手については，生徒の実態に合わせた工夫が必要である。
4. アクアリウムを動かす間は水の音や魚の動きに集中できるように静寂さを保ち，目の動き等，何かに気づいた様子が見えたときに，「あっ，お魚が動いたね」等の言葉かけをする。

生徒の様子

　本事例の生徒は紐を握ることが難しかったので，シュシュを紐につなげて手首に通した。そのようにして引っ張る動作を繰り返した結果，言葉かけしながら肘を介助することで自ら引っ張る様子が見られた。教材が揺れるだけでも楽しいようで，視線を向けながら何度も腕を動かしていた。

---

[4] 「雨の日の水族館」：主人公は大人。職を失い，心の余裕を失ったときに台風の水族館で不思議な体験をする。そのことによって，子どもの頃に感じた幸せな気持ち，小さな夢，優しさを取り戻すという物語。

● 自立活動　高等部（肢体不自由）

16 コースター式玉入れ

「物の動きを目で追う」ことに役立つ

- **対象**　　　　　物の動きを目で追うことに支援が必要な子ども。
  自分の動きと環境の変化との関係に気づきにくい子ども。
- **ねらい**　　　　刺激を目で追う。自分の動きと環境の変化との関係に気づく。
  結果を期待して握ったものを放す。
- **相当するStage**　Ⅰ-1～Ⅰ-3

材料

1. ペットボトル（1500cc）
2. ラッピングタイ，滑りどめテープ，缶詰の缶
3. ビニールテープ
4. ゴルフボール

作り方

1. ペットボトルの飲み口の部分を取り除き，残りを横半分に切り，それをさらに縦半分に切る。一方の底の部分は切り取っておく（加工の際はプラスチック用カッターかペットボトルをリサイクルするのに使用するハサミがあると短時間で安全に行える。いずれも100円ショップやDIYの店で手に入る）。
2. それぞれの重なる端部分の両側に穴を空ける。
3. ボールが通る内側部分に滑りどめテープを貼る。
4. 底部分がスタート位置になるように外側に重ねるように並べていく。
5. 穴を合わせてラッピングタイを通し，タイは両端を渦巻き状にして抜けないようにする。蛇腹の動きが悪くなるのでテープ等での固定はしない。
6. ゴール地点に缶をビニールテープで軽く固定する。缶は安全のために切り口の部分をビニールテープで保護する。

切ったボトルと
ラッピングタイ

ボトルの組み方

ラッピングタイ
の取りつけ方

使い方

1. 運動会にまつわる本を読み聞かせる。
2. 本に出てきた競技（網くぐりや玉入れ，綱引き等）を体験することを伝える。
3. 出てきた競技の順番に行い，玉入れのときにこの教具を使用する。
4. スタート位置は聞き手側の位置に，缶が反利き手側の位置になるように，蛇腹状の部分を身体に沿わせて設置する。
5. ボールを握って放すもしくはボールを押さえている手を放す等して転がし，缶に入れる。
6. 携帯するときには内側に折り込んで持ち運ぶこともできる。

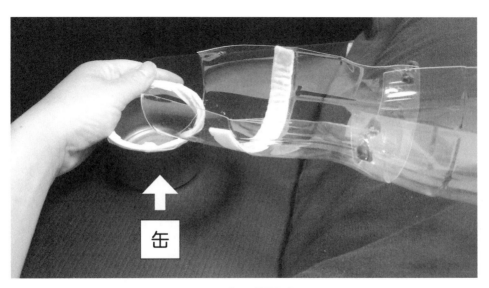

コースター式玉入れ

主体的・対話的で深い学びを促す支援のポイント

1. 傾斜が大きいと，あっという間にボールが転がってしまうので，ボールの通り道に気づきにくい。滑りどめをつけたり，全体を長くして蛇腹の傾斜を緩やかにしたりして速さを調整する。減速することで視線を向けやすくなる。
2. 追視が難しい生徒は振動と音で落ちたことに気づく場合もあるので，視線を観察し，タイミングよく「入ったね！」等と言葉をかける。
3. 手指，手（首），腕，肘，肩等支持点になる部分や，力を抜きやすくなる部分に支援者が軽く手を添えて，ボールを放すことを支援する。

● **自立活動** 高等部（肢体不自由）

17

「掴んだり放したりする」ことに役立つ

七つの島

● **対象**　　　自発的に注目し，手を使うことが少ない子ども。
　　　　　　　言葉のリズムや情景を楽しむが，受け身であることが多い子ども。

● **ねらい**　　民話や方言を通じてリズムの面白さに気づく。
　　　　　　　掴んだり放したりすることを楽しむ。
　　　　　　　触覚を通して大小や多少を意識する。

● **相当する Stage**　Ⅰ〜Ⅳ

材料

① 硬質ケース　Ｂ４サイズ
② カラーセロファン　ブルー
③ スライム：PVAと色水１：１に対し，ホウ砂水溶液は１／２量
④ 地図　できるだけ簡略化した伊豆七島の地図を用意する（大きさと位置がわかればよい）

作り方

① 硬質ケースに青いセロファンを挿入する（クリアボード）。
② 絵の具を溶かして色水を作る。
③ 水にホウ砂を加えて溶かす。必要量は色水の約１／２量だが，多めに用意しておく。ホウ砂５ｇに対し水50cc位を目安にして適量を作る。
④ 色水に同量のPVAのり[5]を加え混ぜる。
⑤ ホウ砂水溶液は加える直前にも混ぜ，さらに④を混ぜつつ，少量ずつホウ砂水溶液を加える（ホウ砂水溶液を少量ずつ加えることにより，生徒が握り，離しやすい量や硬さに調整する）。
⑥ できたスライムをまとめ，富士山に見立てて形作る。

---

[5]PVAのり（スライム用のり）：ART LOCO https://store.shopping.yahoo.co.jp/artloco/ より入手できる。

使い方

1. 民話「箱根山のあまのじゃく」[6]を絵とともに読み聞かせる。
2. 主人公のあまのじゃくが富士山のてっぺんの岩を掴んで海に投げ込み，伊豆七島ができたという話の部分を生徒が再現するように促す。
3. スライムで作った「富士山」を手で掴み取り，海に見立てたクリアボードの上に落とす。
4. 伊豆七島の地図を見せながら，大小様々な大きさ，形があることに気づかせ，「これは大きいから大島ですね」等と言葉かけしながら，支援者が伊豆七島の並びに置き直す。
5. すべて並べたら，島の底が見えるようにクリアボードを生徒の顔の真上に掲げ，置かれたスライムの大きさや島の名前，位置について話をする。

スライムによる7つの島

主体的・対話的で深い学びを促す支援のポイント

1. 「たくさん掴みましょう」等，言葉かけしながらしっかり手を使うように促す。
2. 放す動作（手を広げて落とす）に慣れるまで練習し，その後，肘や腕を介助して「ぶん投げる」体験をする。
3. 掴み取るときに，大きな塊，小さな塊と大きさの違いがわかるように触れながら確認する。小さな塊は離しにくいので，手の力を抜きやすいように介助する。
4. 並べたときに島と島の間を空け，大きさの差に気づくように配慮する。大小の差が大きい方がわかりやすい。
5. 地図を硬質ケースと同じ大きさにしておくと，地図を重ねて確認することもできる。

生徒の様子

　最初は掴んだスライムを手放すこと自体が難しかった。スライムの性質上，手の力を抜くと滑り落ちる。そのため，最初は力を抜くことを意識させるようにした。慣れたところで，民話と同じく「ぶん投げる」動作を促した。腕を軽く介助し，自分で勢いづけるように励ましたところ，力を抜くタイミングがわかり，だんだんと早く手放せるようになった。

---

[6] 「箱根山のあまのじゃく」：天から箱根山に落ちてきた力もちのあまのじゃくが，箱根山より高い富士山に嫉妬した。夜な夜な富士山から岩を取っては海に投げ込み，伊豆七島になった。投げ損なった岩は熱海の初島になった。ある晩，岩がはがれず，手こずっていると，日が昇ってきた。慌てたあまのじゃくはもっていた岩を投げ捨てた。それが箱根山の二子山になった。

● 自立活動　高等部（肢体不自由）

18 銭形玉ひも
「数唱と数の関係に気づく」ことに役立つ

- 対象　　　　自発的に注目し，手を使うことが少ない子ども。
　　　　　　　言葉のリズムや情景を楽しむが，受け身であることが多い子ども。
- ねらい　　　古典落語を通して日本語のリズミカルな響きに親しむ。
　　　　　　　数唱に合わせて玉を動かす。数唱と数の関係に気づく。
- 相当するStage　Ⅰ～Ⅳ

材料

1. 江戸時代の一文銭に見立てた円形で平らな木工ビーズ15個（直径約5cm・中心の空洞部分の直径が約1cmで生徒が扱いやすい厚みや大きさのもの）
2. 紐　長さ50cm～1m，太さ1cm（穴に通したときに抵抗のあるもの）
3. 耐水性マーカー（黄色）

作り方

1. 木工ビーズ（材料1）に色を塗る（軽くヤスリをかけてから行う）。
2. 1が乾いたら紐を通す（抵抗が少ないときは，紐を二重にしたり，太くしたりする）。
3. 紐の両端に結び目をつける。長さは，生徒の手の可動域の範囲内とする。

銭形玉ひも

使い方

　落語「時そば」*のお金を数える場面で使用する。

① 指先をビーズにかけ，「1，2……」と数えるのに合わせて1つずつ紐に沿って動かす。

② 数をごまかす場面では，最後に1つ余ることを伝える。

　写真の15個は，ごまかした数（1個不足）にしている。数唱とビーズの数の違いが意識できる生徒には，16個（16文），20個（8＋12個，男Bが支払った分）に増加する。数唱とずれたときに，ハッと驚くなどして，数の違いに気づかせる。

主体的・対話的で深い学びを促す支援のポイント

① スライドさせる長さは生徒の手の可動域に合わせ，無理のない範囲で行う。

② 紐を挟むようにして指先を木製ビーズにかけると，指が外れにくい。

③ 必要に応じて肘をクッション等で固定し，支点を作ることで力を入れやすくなる。

④ 生徒がスライドさせる兆しが見えたところで肘の固定を緩めると，重力で滑っていく。

⑤ 落語特有の語りやリズムを楽しみながら行う。

＊「時そば」は，古典落語の演目の1つです。物語は以下の通り。

　冬の深夜0時頃，男Aが屋台のそば屋に立ち寄ります。器や出汁等を褒める軽妙なやりとりの後，料金16文（もん）払おうとします。払うときに「一（ひい），二（ふう），三（みい），四（よう），五（いつ），六（むう），七（なな），八（やあ）」と数えたところで，「今何時（なんどき）でぃ！」と時刻を尋ねました。亭主が「へい，九（ここの）つでぃ」と応えると，間髪入れずに「十（とう），十一，十二，十三，十四，十五，十六」と唱えて1文ごまかしたのです。それを見ていた男Bが翌日別のそば屋で試みますが，男Aのように，「一，二，…八」で「今何時でぃ！」と聞いてしまいます。昨夜と時間が異なり，亭主は「へい，四つでぃ」と応えたため，「五，六…」と続けてしまい，まずいそばを食べさせられたうえに，余分に料金を払うというオチとなります。

● **自立活動** 高等部（肢体不自由）

19

「目的をもって手を動かす」ことに役立つ

カルタ釣り

● **対象**　　自発的に注目し，手を使うことが少ない子ども。
　　　　　　言葉のリズムや情景を楽しむが，受け身であることが多い子ども。

● **ねらい**　選んだカルタを通して豊かな日本語表現に触れる。
　　　　　　言葉のリズムや BGM を聞いて活動に自発的に参加する。

● **相当する Stage**　Ⅰ～Ⅳ

材料

1 食品用保存袋・大（Lサイズ）

2 保存袋の大きさに切った黒画用紙

3 カルタ（絵札にゼムクリップをつける）

4 スマートフォン用のスタンド

5 筒型の容器の蓋（紙製）

6 ラップの芯（5cm長さで1cmの切れ目を9カ所入れておく）

7 割り箸

8 包帯，椅子の脚用ソックス

9 たこ糸（30cm）

10 磁石　　　　　　　　　　　　　　　＊ほとんど100円ショップで入手可能

作り方

1 ラップの芯をポテトチップスの容器等の蓋の裏にボンドで固定する。

2 割り箸の先端部分の割れているところにたこ糸を通し，2～3回巻きつけて結びつける。長く糸を伸ばした先に磁石を結びつける。持ち手の部分が太くなるように割り箸に包帯を巻きつける。割り箸の部分に両面テープを貼っておくと固定しやすい。

3 **1** **2** をビニールテープでとめる。

4 持ち手の部分から割り箸の先まで椅子の脚用ソックスをかぶせる。釣り竿の完成！

5 保存用袋に黒画用紙を入れ，袋の口は外側に数cm折る。それをスマートフォン用スタンドに引っかける。

6 ゼムクリップのついた絵札を外側から絵が見えるようにして3枚並べる。

 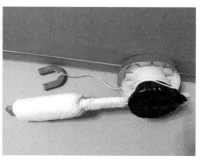 

カルタ釣り教材　　　　でき上がった釣り竿　　　　クリップつき絵札と読み札

使い方

1. 生徒が見やすく，釣り糸が届く位置にカルタと保存袋をつけたスタンドにセットする。
2. カルタを釣り上げる手本を見せる。
3. 生徒が釣り竿を握ってから，袋の中に釣り糸が垂れるように誘導する。
4. 磁石にカルタがくっついたら引き上げるように励ます。
5. 引き上げた絵札を見ながら，読み札を読む。

スタンドにセット

主体的・対話的で深い学びを促す支援のポイント

1. 釣り竿の持ち手は生徒が握りやすい太さにする。把持が困難な場合は握らせた手の上からリストバンドやシュシュ等圧迫しない程度の物を取りつけて落ちにくくする。
2. 握るときに力が入るように，手首の向きや腕，肘，肩等を支える素材や位置を工夫する。
3. 生徒が釣り竿を持った状態で絵札を見せる。自分が何をするのかがわかりやすくなる。
4. カルタは，生徒が興味関心を示すと予想される内容（絵柄，色，言葉等）を選ぶ。
5. 言葉のニュアンスを伝えるためには静寂の中で聞かせることが大切だが，言葉が表す情景等を伝えたい場合は，そのカルタに合った曲や効果音をBGMとして使用する。

生徒の様子

　宮沢賢治の作品を題材としたカルタを選んだ。読み札を読むときには「星めぐりの歌」をBGMとしてかけた。何に心を動かされたのか，涙を流して聞いていた。何か情感に訴えるものがあったのだろうか。

● 数学　高等部

⑳ 見た目の異なる数の分類
「順序数の理解を集合数の理解につなげる」ことに役立つ

● 対象　　　　　　1から10までの数字の順序を間違えることはないが，量がわからない子ども。
● ねらい　　　　　見た目が異なるもののマッチングに慣れる。
　　　　　　　　　数えるものが何であってもその数はその数であることに納得する。
● 相当するStage　Ⅲ－1

材料
① 蓋が透明な丸い缶（100円ショップなどで売っている）　5個
② 1から5までの数字板（市販のマグネットシート）
③ 1から5までの数字キューブ（2×2cmの木製立方体，シール，直径5mm円柱状の強力マグネット）
④ 1から5までの様々なマークや文字の数カード　4cm×4cm

作り方
① 数字キューブを作る。木製の立方体に数字のシールを貼り，側面にマグネットを埋め込む。
② 1から5までの数カードを数種類作り，ラミネートでカバーする。

使い方
① 生徒と一緒に各々の缶の側面に数字キューブを付ける。
② 数字板を渡して，数字キューブとマッチングしながら同じ数字の板を各々の缶に入れる。
③ マークが1個描いてある数カードを「いち」といって渡し，1の缶を指さす。
④ 同じマークが2個描いてある数カードを「に」といって渡し，2の缶を指さす。
⑤ 3以上は一緒に指でマークを数え，最後の数を復唱しながら同じ数字板の入った缶に入れる。同様に5まで行う。
⑥ 種類の異なるマークのカードを提示する。今度はランダムに渡して生徒の仕草を見守る。迷ったら，きっかけ程度の介助をする。
⑦ ひらがなで「いち」「に」「さん」と書いた数カードを渡し，どこに分類するか観察する。

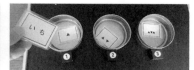

❷数キューブとマッチングして数字板を入れたところ　❻異なるマークの数カードを該当の数の缶に入れたところ　❼該当の数の文字カードを入れる。（「いち」は2文字あることがポイント）

主体的・対話的で深い学びを促す支援のポイント

❶ 最初は，缶を5個全部提示しないで，写真のように1．2．3から行う。

❷ 本教材のねらいは，順序数の理解から集合数（量）の理解に至る過程を学ぶことである。したがって，使い方❶で，数字キューブを数の順に置けないようであれば，本課題ではなく，さしたり重ねたりして順序数を学ぶ学習に切り替える。

❸ 使い方❷は見た目そのままのマッチングである。大人の目には当たり前過ぎて学習課題に見えないかもしれないが，導入時は，葛藤や抵抗のない課題（生徒自身が「できる」と予測できる課題）で行う。本実践の対象である Stage Ⅲ－1 は「目で考える」段階であり，いきなり見た目が異なるマッチングを行なうと，安心して取り組めないことがある。

❹ 使い方❸以降は，マークの数（数唱）と数字の読みをマッチングすることになる（見た目から離れる）。3個マーク が描いてあるカードを即時に「さん」と言えなくても，「いち」「に」「さん」と指さしで一緒に数え，最後の音声がその数であることに気づかせる。

❺ 使い方❻では，異なるマークの分類を促す。年齢が高く，カードで数を捉える学習に慣れている生徒は，数が少なければ，異なるマークでも「同じ」であることを比較的容易に理解する。ただし，同じ数でも並びが異なると混乱する場合がある。

❻ 使い方❼では，視覚的には「いち」は文字が2個あるため，視覚が優先する生徒は，マークが2個描かれたカードの上に置きたくなる。明らかに視覚から離れた音声でのマッチングになるので，ここで生徒の動揺が大きかったら，無理をせず，使い方❻までの学習を充実するようにする。

生徒の様子

　実践の対象は Stage Ⅲ－1 の ASD を伴う高等部の生徒であり，これまで数の学習を十分に行ってきた様子が見て取れた。しかし，1から10までの数字の順番を間違うことはないが，マークの数がいくつであるかということの理解は乏しく，3以上は入れるお皿を間違うことが多かった。マークを一緒に数え，復唱した最後の数（数唱）と数字カード（視覚）を「同じ」とすることに強い困難があったため，一旦数をホワイトボードに数字として書くようにすると安心して取り組んだ。

第3章
実践例の解説

相当する発達段階：Stage Ⅰ-3～Ⅳ

01 ジグザグの輪郭線をたどる棒さし

　Stage Ⅰ-3は，言葉の理解は不十分ですが，指さしや身振りによるコミュニケーションが可能な段階です。年齢が高くなると，慣れた環境の中では，言葉の指示を身振りやカードなしでも理解することがありますが，いつもと環境が変わると混乱するので，真に言葉を理解しているのではないことがわかります。

　年少の子どもの保護者は，「うちの子は，言葉はわかります。玄関で"帽子"というと帽子を持ってきますから」とおっしゃる場合があります。しかし，療育や教育に携わる専門家は，いつもの環境で言葉を合図と同じように理解している状態と，場所や種類を変えてもわかる状態を区別する必要があります。「言葉がわかる」（支援者が伝えようとする内容がイメージできるはず）と思うと，具体的な手がかりのない指示をしてしまうからです。

　Stage Ⅰ-3の子どもは指さしを理解しますから，指示や説明は指さしを使いながら行います。また，子ども自身も指さしや手さしを通して対象を見ようとしています。その見方はピンポイントで，目立つところに視線がいくとそれに囚われ，そばにある物に気づきにくくなります。一方，たくさんの刺激の中ではどこを見ていいかわからず，注意が次々に移ります。本教材では，「じっと見る」ことに乏しい子どもの目を，棒や穴が引きつけています。触覚と運動を手がかりに上下に注意を向けることを求める本教材は，視線の調整を学ぶのに適しています。

　穴の場所を特定するのに少し努力がいる「ランダムなジグザグ棒さし」から始めると，視線を調整しなければならないことに気づきます。執筆者が述べたように，その後に「規則正しいジグザグ棒さし」を使うと，穴の位置の規則性により次の穴の位置を予測しやすくなります。

　日常会話が可能な Stage Ⅲ-2以上の子どもが，棒を真っ直ぐにさせずにガタガタさせたり，穴を飛ばしてしまったりする場合は，視知覚の特異的な遅れを疑います。漢字や簡単な作文が書ける Stage Ⅳの子どもが，休み時間にこの教材を自ら取り出して遊んでいたときには違和感がありましたが，日常生活では気づかれにくい特別な弱みを克服するような課題を，その子自身が自然に選んだのだと考えられます。

日常生活とのつながり

　教材教具を使った個別学習を続けていると，子どもと向かい合う小さな空間の中で，思いがけない発見をすることがあります。

　その主なものが，触覚優先の認知と認知空間の狭さです。本教材では，p16で述べたように，たった2～3cm下にある穴に気づかず，また，くっきりした輪郭線があるにもかかわらず，それらに視線が誘導されることなく，単に「穴にさすこと」に子どもは集中しています。棒を手にした子どもは，棒をさすための穴と僅かなその周辺しか見ていないのです。学校という不特

定な刺激に満ちた環境の中では、あちこちの刺激に反応するので、いったん見たらその空間に囚われる特性には気づかれずにいるかもしれません。

拡大・応用の視点

執筆者は、「木製の『ダボ』を使う場合もある」と述べていますが、ダボの表面の凹凸の触り心地や、ねじ込むときの感触が子どもの注意を引きつけるようです。

StageⅠでは指さしで穴の位置を伝えますが、対象がStageⅢ-2以上の場合は、「次は下ね」等、位置の概念を表わす言葉で伝えます。棒をさすときにも、動作と同時に「上」「下」等の言葉をかけると、言葉の意味を学べますし、自ら「次は上」等といって調整しようとすることもあります。

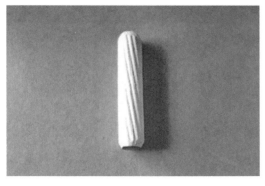

図1　表面に凹凸のついた「ダボ」

StageⅢ-2以上の子どもは、触覚的フィードバックの強い本教材や、No.2「端まで滑らせよう」を経て、No.3「線たどりマグネット」に進むことも比較的容易です。No.3の場合（図2）は、隠れた数字を予測しなければならないので、数字が読めたりその順序性がわかったりすることが条件になります。また、最初は図2のように線が交差しないシートを使い、規則性があり、1つ1つの数字の位置が近いものから始めて、急に難度が高くならないように配慮します。

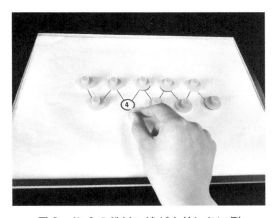

図2　No.3の教材：線が交差しない例

相当する発達段階：Stage Ⅲ－1〜Ⅳ

02　端まで滑らせよう

　目立つ部分（突き出した部分，光る部分，赤い部分，揺れるもの等）に必要以上に囚われてしまう子どもは，前述のように認知の空間が狭く，視線を上下に動かしたり，見比べたり見回したりして，対象の全体像を捉える機会に乏しいものです。視力障害を伴う子どもであれば，触覚によって空間の広がりに気づく学習の必要性を誰もが認めると思いますが，明らかに「見える」（好きな物はすぐに見つける）子どもに対してそのような学習を意図的に組む必然性は，理解されにくいのではないかと思われます。

　しかし，物の形や，大きさや位置関係を捉えるためには，空間の広がりをイメージし，視線が向かった部分を始点に，方向を意識して見ることができていなければなりません。

　「コノエダブル」（商品名）は，測量のための道具ですが，つまみにくく，滑らせることに適した素材であるため，障害児基礎教育研究会では「方向」の学習で愛用しています。中心に強力マグネットを埋め込むことにより，同様にマグネットを埋め込んだ終点で「パチッ」とした触覚的に明確なフィードバックを得ることができます。コノエダブルは，押しつけ過ぎても動かすことができないため，力の調整を自然に学ぶことができます。子どもはコノエダブルで遊ぶうちに，力は「入れる」だけでなく「抜く」必要もあることに気づきます。

　ここでは相当する発達段階を，平面の広がりに関心をもち始める Stage Ⅲ－1 以降としましたが，触覚的手がかりのない平面に形を描くのは，ASD を除き，Stage Ⅲ－1 でも難しいようです。例えば，「閉じた円を描く」は「田中ビネー知能検査[1]」では3歳代に相当する課題ですが，定型発達の3歳は Stage Ⅲ－2 に相当し，特別支援学校の小学部では比較的高度な学習をしています。この教材はバリエーションを豊富に設定することができるため，幅広く使えますが，Stage Ⅰ〜Ⅱ段階の子どもにおいては失敗が多く，手を適切な位置で放す（落とす），方向を調整して引き抜く等，重力に抗する（縦方向の）教材の方が適しています。第2章の実践例（p33）では，「主体的・対話的で深い学びを促す支援のポイント」として「手の動きより先に視線が終点に向かうかどうか，学習中の児童の視線をよく観察する」とあります。方向やゴールを予測して動かす様子がみられない子どもには負担の多い課題です。

　乳児は，物に手を出すとき，チラリと見て空間の位置のみ特定し，その方向に手を出し，その手に追従して視覚を使い，対象に触れたときによく見ます。つまり，最初，視覚は見つけることだけに使い，手を出した後に対象をよく見るのです。一方，見ただけで形や方向が予測できるようになると，手は見た後に出て，例えば，箸ならつまむ，コップなら手を広げる等，それをつかむのにふさわしい形をしています。終点を見てから手を出す行為は後者を意味し，方

---

[1]田中ビネー知能検査：田研出版。現在は，バージョンⅤが販売されている。
　http://taken.co.jp/contents/vinet/vinet_top.htm

向に予測をつけていることを示します。方向の予測ができると、物の衝動的な扱いは減って、操作はより慎重になります。本事例の執筆者は、手が先か目が先かで、その子どもの発達段階を捉えようとしているのです。

日常生活とのつながり

あらゆる行動には、始めと終わりがあります。目的をもち、終点のはっきりした空間で方向を定めて手を出すことは、行動に一定のまとまりができるということです。失敗する恐れの少ない小さな学習空間で終点と方向を定めて行動を起こし、予測した通りのフィードバックがあったとき、子どもは安堵し、ニッコリ笑います。

手を平面で一定方向に動かすために溝や枠が必要ということは、まだ操作がぎくしゃくしていることを示します。コノエダブルは力を入れ過ぎてもうまく動かせませんから、方向の調整と同時に力の調整も学ぶことになります。方向や力の調整は文字を書くために必須の能力であることから、本教材はその基礎を形成していることになります。

拡大・応用の視点

溝や終点の置き方により、様々なバリエーションが可能です。障害児基礎教育研究会では、単純なものから複雑なものまで、いくつものパターンを作成しています。

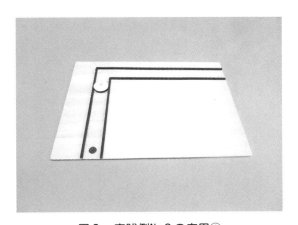

図3　実践例No.2の応用①

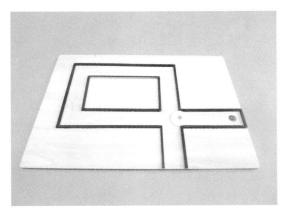

図4　実践例No.2の応用②

第3章　実践例の解説　75

相当する発達段階：Stage Ⅲ－1～Ⅳ

03　線たどりマグネット

No.2「端まで滑らせよう」よりも一段階高いレベルの教材です。触覚的手がかりのない平面で，交差する線が操作の順序を導いていることを理解するには，想像力と一定の言語の力が必要です。自力でこの課題を遂行するには少なくとも数の順序がわかっていて，見えない部分を数唱に基づいて予測する力が必要です。

子どもたちは交差する線を越えることに，大人には理解しがたい抵抗を示します。「1」「2」と声をかけ，子どもが次にどこにマグネットを置くか観察すると，たいていは交差を導く線にかかわらず，今置いたところから最も近い〇に置こうとします。数の順序性がわかっている児童が対象なのですが，指を介助して線をたどらせようとしても，すぐにたどることを忘れて近くに置こうとします。これは認知できる空間の狭さを表していると思われます。

あるいは，数の学習では，順序よく飛ばさないで数えることを練習してきたので，「飛び離れたところに置く」ということが受け入れ難いのかもしれません。数えるとは横に1つずつ指を置くことだと理解しているのかもしれません。

幼い子どもは，最初は，指を折って数を学びます。「数は運動」なのだと，障害児基礎教育研究会の創始者である水口先生がおっしゃっていました。編者が経験した事例は，中学部の知的障害を伴う Stage Ⅲ－1 の ASD 児でしたが，「1，2，3，4……」と指を置いて，最後に「いくつ？」と聞くと，最初に戻って「1，2，3，4……」と始め，最後まできたのでまた「いくつ？」と聞くと，最初に戻り，エンドレスでそれが続くので数える学習を諦めてしまったことがあります。その生徒にとって「いくつ？」という言葉は，端から指をおいて「1，2，3，4……」と指を動かす動作のことだったのでしょう。

数の理解には5つの法則があるといわれます[2]。

---

① 一対一対応の原理：物と数詞が1つずつ対応している。

② 安定順序の原理：「いち」の次には「に」が，「に」のついには「さん」がくる。

③ 基数の原理：1つ1つ数えていって，最後の数が全体の数を表す。

④ 抽象の原理：数えるものが何であっても適用される。

⑤ 順序無関係の原理：右からでも左からでも中央からでも，どこから数えても全体の数は同じである。

---

[2] カウンティングの原理：Gelman, R.,& Gallistel, C.R. (1978) The Child's Understanding of Number. Harvard University Press.（小林芳郎・中島実（共訳）1989『数の発達心理学－子どもの数の理解』田研出版）

本教材は，⑤の理解に役に立つ教材です。

　特別支援学校では，①と②は比較的容易に身につきますが，③以降が難しい子どもが多いようです。「数える」ことの意味を誤解していた前述の中学部の事例も，①と②の原理は理解していました。Stage Ⅲ－1では，「数唱で手を止める」ことは難しく，Ⅲ－2になって，③④⑤が可能になります。ただし，Stage Ⅲ－1でも，数字に対してその数を提示するような，視覚レベルのマッチングは，機械的に学習することが可能です。その場合，④も比較的容易に成り立つようです。

日常生活とのつながり

　この教材を通して，数（順序数）はいつも同じ方向に向かうわけではないことを学習します。また，相手の要求（この場合は線が導く）に合わせること，予測を立てて行動することを学びます。どれも，変化する環境に合わせて臨機応変に行動するために必要なスキルです。

拡大・応用の視点

　紙の上に描くだけですから，無限のパターンを創出することができます。最初は交差する線を避け，徐々に複雑なパターンに挑戦するとよいでしょう。

　知的障害の場合，大きな空間では刺激同士のつながりを意識することが難しくなります。シートの大きさはB5かA4位から始め，大きくてもA3位にした方がよいと思われます。

第3章　実践例の解説　77

相当する発達段階：Stage Ⅲ-1〜Ⅳ

04　いろいろな向きの型はめ

　執筆者の加部（2017）[3]は,「学習場面で何気なく選んだ教材が, その子にとっては思いのほか難しいことがある」と述べています。「向きの理解の難しさ」に気づいたのも, 本教材を使ったことがきっかけだそうです。気づきは, 楕円の型はめを作ったことから始まりました。

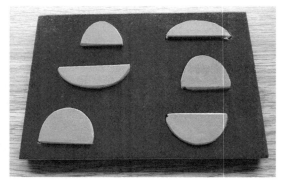

　　図5　加部の実践から①　　　　　　　　図6　加部の実践から②

　図5はすぐにできたのに, 図6はとても苦労し, 結局自分でははめることができなかったそうです。各ピースのまっすぐな断面に穴のまっすぐな線を合わせるだけなのに, どうしてそんなに苦労するのかわからなかったというエピソードです。

　その後, 観察により, 直線部分が下または左側にある型にはスムーズに入れることができ, 直線部分が上または右側にある型には入れることができないことがわかりました。その理由を加部は,「右手でピースをつまむ際, 直線部分が親指側になるようにつまむので, 直線部分が下や左なら合わせやすかったのかもしれない」と説明しています。編者は, 親指で触れた部分に視覚的な注意が向けやすかったのではと考えます。

　この事例は, 向きを変えるときに回すことを思いつかず, 常にピースを裏返して対応していたといいます。そのため, 加部は, 支援のポイントとして「ピースは裏返すのではなく, 水平回転させて向きを変えるように促す」と述べ, 色を片面だけしか塗らない工夫もしています。

　「向きを変えれば入る」という発想も,「物には向きがある」という概念をもたなければ不可能です。「向きがあること」に気づかない子どもは,「回す」こともなかなか思いつかないでしょう。

---

[3] 加部清子（2017）「子どもが教えてくれた教材と教材の間のステップ」『障害児基礎教育研究会研究紀要』第24集

日常生活とのつながり

　「向きを変えればうまくいく」という経験は，日常生活の中にたくさんあります。例えば，引き出しに物を入れるとき，ロッカーに籠を入れるとき，ペットボトルや水筒の蓋を開けるとき等。特別支援学校では，その1つ1つで苦労する子どもをよく見かけます。練習すればできるようになるということもありますが，果たしてそのとき，その子の目は手元に注がれているでしょうか。特に手に力を入れる場面（水筒の蓋を開けるとき等）では，視線が外れていることが多いようです。手を使うときに視線が外れていれば，自分が何をしているのか記憶に残りにくいといえます。

　型はめ等の教材を使う効果は，「ぴったり感」を期待したとき，子どもの視線が比較的自然に手元に注がれるということです。「回す」という言葉と視覚的イメージが結びついたときには，日常生活のあらゆる場面で活かされていくでしょう。

拡大・応用の視点

　「方向」や「向き」でつまずく子どもは多いものです。Stage I－3では，とにかく力ずくで入れようとしてピース（型）が飛び出し，怒って投げたり席を立ってしまったりすることがあります。Stage IIでは，形の違いがぼんやり見えてきますが，「回して」「上に向けて」等の言語指示は理解しにくいと思われます。

　定型発達では，言語による相互交渉が比較的容易になった3歳でも，絵本を逆さに見ることがあります。Stage評価では，III－2以上がその段階に相当します。そのため，Stage III－1までの子どもには，見通しをもたせながらも，さりげなく手伝い，失敗感を与えないようにします。

第3章　実践例の解説

相当する発達段階：Stage Ⅲ－1～Ⅲ－2

05 形に注目して分類しよう

　初めて形の「同じ」に気づくとき，子どもは並べるのではなく重ね，触って「ぴったり」を感じます。見本が成立する Stage Ⅲ－1 では，重ねなくても，そばに置くことで「同じ」が判断できるようになっていきます。しかし，この段階での「同じ」は，あくまで「見た目がまったく同じ」であることに注意が必要です。

　編者の経験では，ASD の子どもは視覚の機能が優先し，「色」から先にわかっていくことが多いようです。逆に，視覚と運動の協調が遅れる知的障害児や肢体不自由児では，触ってわかる「形」の同じに気づきやすく，色の理解が遅れることが多いようです。

　色も，形も，見た目に同じものを集めるだけなら，「あか」「まる」等の言葉を知らなくても可能です。視覚が言葉に優先して判断する Stage Ⅲ－1 の段階では，色や形の名称がなかなか覚えられません。特に ASD の場合は，視覚で分類できることと言葉でわかる（「あか」といえば，赤色のものを手渡す）ことの間に大きな隔たりがあります。

　Stage Ⅲ－1 でも後半になれば色や形に名称があることに気づき，見本があれば色が違っても同じ形を集めることが可能になってきます。しかし，この段階では，次の課題に直面することになります。

　それは，色で分類する場面から形で分類する場面に切り替わるときに起こります。今は色，今は形，等は支援者が言葉で考える目に見えない基準です。「今ここ」にない世界が苦手な子どもにそれを察することを求めるのは，かなり難題です。

　学習を進めるにあたっては，やはり，視覚で判断できる見本の提示が必要です。本事例の教材であるステンレスのお皿は光って視覚を引きつけやすく，また縦長であることから，縦方向に視線を導きます。一番上が見本であり，その下に「同じ形」を集めるのですが，選択肢に同じ色がないと，子どもはそこでとまどってしまいます。実はここが大切なポイントです。

　とまどいながらも子どもは，「色が違っていても同じ」ものを選ばざるを得ません。それまでの基準と折り合いをつけ，同じ形で異なる色のピースを見本に近づけ，支援者の顔を見ます。支援者がそこでにっこり笑って賞賛することにより，子どもはまったく同じでなくても「同じ」であるということを受け入れるようになります。

　整然と並ぶ縦長のお皿ではなく，箱等に見本を置いて分類するやり方もありますが，雑然としていて，子どもの納得感が異なります。「同じにもいろいろある」ということを学ぶにも，はじめは視覚的に整理された空間が必要なのではないでしょうか。

日常生活とのつながり

　日常生活の中で求められる活動やその予定は，それに関係する人の都合や天気等でしばしば変更されてしまいます。それらに対応することは柔軟なイメージの操作が難しいStage Ⅲ-1まではなかなか大変なことで，予定の変更で大騒ぎする子どもの姿は，特別支援学校では珍しくありません。

　しかし，概念が芽生えてきたStage Ⅲ-2では，「(理由はわからないけれど)○○なんだ」という内言語により，切り替えが比較的スムーズに行われます。変化に合わせるのは言葉の力[4]であり，本教材のように視覚的な手がかりを使いつつ違和感と納得を繰り返しながら，少しずつ身についていくのではないかと考えます。

拡大・応用の視点

　見た目の異なる分類も，日常生活で馴染みのあるものや，子どもが興味関心をもっているものであれば，多くのバリエーションが可能です。100円ショップで売っている小さなマグネットの「果物シリーズ」「動物シリーズ」等では，上位概念による分類を学習することができます。ここでも最初は，台紙にある絵との視覚的なマッチングを手がかりとします。

図7　くだもののマグネット

　最近では扱いやすく安全な，「おもしろ消しゴム[5]」を通信販売で手に入れることができ，動物，食べ物，乗り物等，様々なシリーズで見た目の異なる分類を楽しむことができます。「どうぶつ」「くだもの」等の上位概念は，経験を重ねることにより比較的学習しやすいものです。

図8　おもしろ消しゴム　森の動物シリーズ
　　　(㈱イワコーのホームページより転載)

図9　おもしろ消しゴムで作った教材

---

[4] 言語による行動調整機能：Luria, A. P.（1982）語とその意味論的構造（天野清訳『言語と意識』金子書房）
[5] おもしろ消しゴム㈱イワコー　http://shop-iwako.com/

相当する発達段階：Stage Ⅲ－2〜Ⅳ

06　お金そろばん

　No.6は，肢体不自由で言葉のある子どもとの実践例ですが，知的障害の特別支援学校でも同様に使うことができます。「同じ」の概念は，①見た目がまったく同じ，②見た目が違っても基準（色や形や種類）が同じ，③相手の基準に合わせて同じの基準を柔軟に変えると育っていきますが，④数（も色も！）が違うのに同じは，一段と納得し難い理屈であろうと推測できます。例えば，1個の50円玉が5個の10円玉と同じ価値があるということを，どのようにして教えたらいいのでしょうか。

　「見本合わせ課題」で説明すると，①〜③は次のようになります。

図10　①「見た目が全く同じ」を合わせる

図11　②「色が違っても同じ」を合わせる

図12　③「形で合わせて」という相手の基準に従って合わせる

　Stageで整理して説明します。①は，一般的に視覚の機能が触覚に代わって優先してくるStage ⅡからⅢ－1の段階で可能になります（ASDでは，Ⅰ－3から可能です）。②は，視覚に縛られた認知から少し離れる必要があり，Stage Ⅲ－1の後半から可能になります。練習を積んだ年長の子どもでは，Stage Ⅲ－1でも納得する場合がありますが，③は，自分の基準を離れて相手に軸を移すことを理解しなければなりませんから，Stage Ⅲ－1では少々負担があ

ります。環境に合わせて行動できるということでもあり，Stage Ⅲ－2以降，概念操作が可能になってはじめて納得がいくことでしょう。

図13　④数も色も違うのに「同じ」！

　さて，④ですが，特に視覚で考えるといわれるASDの子どもにとってはきわめて越え難い課題です。机上の学習では，Stage Ⅳの段階でも理解できないことが多いのです。しかし，算数としては学べなくても，生活の中で学ぶことは可能です。例えば，10円玉3個ではチョコレートは買えないが100円玉3個なら買えるということは，実体験の積み重ねで学習できます。汎用性には乏しいですが，現実社会でお金を使うことは，経験によりある程度は可能です。

　No.6「お金そろばん」は，位取りという抽象的な概念を，子どもの視覚に訴えて学習させることを意図した教材です。お金の種類で部屋を分け，特に操作の空間を赤色にして，ほかの部分と区別しているところが工夫点です。位とお金の種類はマッチングできますから，お金そろばんに置いて学習すれば，値段の表記と用意するお金の種類や量がマッチングの原理でわかります。子どもが手を使って学習することにより，それを観察する支援者も，子どもがどのような理解の仕方をしているのか，手に取るように学ぶことができます。

日常生活とのつながり

　使うお金が本物であることにより，子どもは大人と同じ社会に参加したような誇らしい気分になります。買い物の体験が少ない子どもにお金の意味や価値の理解を求めるのは無理がありますので，家庭と協力し，物の値段やお金のことを話題にするとともに，学校でも買い物学習等で地域に出かける機会を設けます。

拡大・応用の視点

　No.6「お金そろばん」は実際のお金を使うため，A4の用紙以上の大きさになります。認知空間が狭い場合は，その子の目がどこを見ているのかを確かめ，全体を見ることができなければ，ボードを見やすい位置に動かし，また，お金の選択肢を少なくして渡す等の工夫をします。No.6「お金そろばん」とNo.7「チラシで算数」を併用すれば，位取りをより身近なものとして感じることができます。

| 相当する発達段階：Stage Ⅲ－2～Ⅳ以上 |

07　チラシで算数

　チラシには通常，1面にいくつもの写真があり，また「それ以外」の文字や模様が印刷され，それらの刺激で混乱して学習しにくい場合もあります。そのため，子どもの理解力や認知の空間に合わせてたたんだり，切り取って使用することも必要です。まずは見せて，子どもの発語を誘い，よく反応するものから教材にします。名称の理解のある Stage Ⅲ－1 の子どもは好きなものを見つけると思いますが，お金との関連で学習が成立するのは，Stage Ⅲ－2 位からであろうと思われます。

　チラシ（好きな品物の写真と値段）をそばに置き，№6のお金そろばんを使って実物のお金を分けていきます。375円の十の位であれば，10円玉を4個置くと下の枠に置けなくなるので，50円と入れ替え，「7は白い穴の開いたお金（50円）と10円2枚」のように，動作と見た目で伝えていきます。最後にまとめて財布に入れ，日常の形にすることも大切です。

日常生活とのつながり

　抽象的な概念は，常にそれが何を意味するのか，日常生活の中でその場で学ぶ必要があります。自動販売機に入れるのは通常コイン（100円玉といくつかの10円玉）であり，お札ではありません。数も同様で，スーパーにしばしばいって保護者と買い物をしている子どもは，りんごに1万円という値段は通常つかないということを知っています。単位に関しても，執筆者は単位に関連するものを教室内の目に触れるところに置き，必要に応じて手元に持ってきて子どもに触らせるようにしています。このように，概念形成に弱さのある子どもには，常に「触ることのできる実物」とセットで関係づける配慮が必要です。

　余談ですが，お金の学習をした後，ダウン症の子どもとスーパーに買い物にいったとき，思わぬアクシデントがありました。手先の不器用さのためにお財布の小さな口からお金を出すことが難しかったのです。ほかのお客さんが待っているので，教師が手伝いに入らざるを得ませんでした。お金の面では自信をもっていったのですが，現実にはこんな問題も起こりますから，気をつけなければなりません。

拡大・応用の視点

　チラシの種類は多様です。執筆者も述べているように，年齢が高くなれば不動産や車，好きな歌手のコンサートのチケット等，「憧れ」に応えて題材を設定することにより，会話が増え，語彙力や表現力も高めていくことができます。

| 相当する発達段階：Stage Ⅲ－2〜Ⅳ以上 |

08　九九実感ボード

　Ⅲ－2以上であれば，簡単なたし算の意味は，身近な物を使って比較的容易に伝えることができます。しかし，たし算の式の記憶があることで，かけ算がかえってわかりにくくなるということがあるようです。＋と×は形態的には似ていますから，子どもの目には数字の方が先に飛び込んできて，それを何とかすればいいということになりがちです。かけ算の数字をたし算のように扱ってどうしていけないの？　という表情に出会うと答えに窮してしまいます。先に九九の答えだけ覚えてしまう事例もありますが，生活場面で「2個ずつ3人に必要です」と伝えて，2×3を思いつくことは少ないようです。

　本教材では，先に2×10＝20の式を示し，2の塊を九九実感ボードに10個並べたら20に届き，「ほんとに20になった！」と児童が感激する微笑ましい様子が描かれています。感動とともに学習したことは，忘れ難いものです。「主体的・対話的で深い学び」は，特別支援学校においては，子ども自身が手を動かすこと，発見や工夫を教師や友達と共有し，さらに発展させることにほかならず，そのような空間をつくることに教材は大きな役割を果たしています。

日常生活とのつながり

　実践例では，タイルをつなげたブロックの端に数字のシールを貼っていますが，タイルの1つ1つに例えば，果物等のシールを貼り，数枚のお皿にブロック（2の段なら2個の塊）を1つずつ置いてから九九実感ボードに移して，塊の種類×お皿の数の式として表現すれば，式と具体物との結びつきが強化されます。また，「1人に2個，3人分でいくつだった？」等と文章化することもあります。さらにそれを家庭の食卓で再現することにより，家族に必要な数を常に考えることになるでしょう。

　九九はどんな形をしていても九九なのだということを理解する必要があります。九九実感ボードに並べたタイルをお皿にバラしたりその逆操作をしてみたりすることが，形が変わっても数の本質には変わりがないという学習になります。ただ，太田ステージ評価では「数の保存[6]」を理解するのはStage Ⅳの後期としていますので，ヒントをたくさん出しつつ，楽しみを損なわないようにする工夫が大切に思われます。

拡大・応用の視点

　市販のシールを使って上記のバリエーションを増やしていくことができます。また，本教材を離れて模型とお皿を使えば，実際に使えるかけ算に発展するでしょう。

---

[6]数の保存：形を変えても数は変わらないというピアジェが実証した概念。定型発達児では，7歳くらいで獲得されるといわれる。

第3章　実践例の解説　85

相当する発達段階：Stage Ⅰ-2〜Ⅰ-3

09　ホースが言葉

　事例は，人は好きでしたが発信行動はほとんどなく，常に動き，また，静かだなと思うと何か（服等）を破いている生徒でした。常に強い力で手を使っているということは，それだけ活動意欲が高いということだと考えました。

　輪を通す課題をしたときに，彼の学びにくさの要因がわかりました。輪を持たせたところ，鉄の棒の外側をたどるだけで，本人には輪を通すという意識がなかったのです（図14）。

図14　棒の外側をたどる

　動作見本は見せたのですが，彼は輪が通っていないことに気づきませんでした。彼の日常行動の背景には，見てわかること（視知覚）の困難もあったと考えました。そのためか，体育館で立ち位置を特定するために用意した競技用の輪は，まったく役に立ちませんでした。安全管理のため，彼のゆく先々について歩く日々が続いていました。

　たまたま彼が縁石の上を歩くことが好きだということを思い出し，ホースで輪を作ってみました。最初は，その輪の中に入ってもらうつもりだったのですが，用意したホースの長さがたりず，輪から彼の足がはみ出てしまいました。

　ところが，予想に反してこの大きさがよかったようです。彼はホースを踏み，左右に体重を移動しながらしばらくその感触を楽しんでいました。つまり，その場所にいました。また，その場を離れても，ホースの感触を目指して戻ってくるようになりました。

日常生活とのつながり

　ここでも，視覚的な支援よりも触覚的な支援の方が通じやすい場合があることが示唆されています。マッチングに興味を示さない子どもには，日常的にも触覚－運動的な働きかけが効果的です。不安定なときは何か持たせると落ち着くことがありますし，回転いすに座らせると飛び出さないでそこにいることもあります。実践例に書いたように，体育館にいくときはホース，音楽室にいくときは鈴，と持たせるものを使い分けると，「体育館にいきます」のように，予測を促すための言葉と同じ働きをすることがわかりました。

拡大・応用の視点

　場所を意識して移動するようになったので，CDプレイヤー等より重みのある物を持たせてみました。中学生なので社会的な役割があった方がよいという考えもありました。しかし，彼にはホースの方がわかりやすかったようです。ホースを持つと嬉々として体育館に向かう様子が観察されました。

相当する発達段階：Stage Ⅰ－3〜Ⅲ－1

10　基本図形：3次元と2次元

　前述のように，子どもが触覚と運動を使って外界に応じるのか視覚で応じるのかは，実践においては最初に確認しておかなければならない重要な視点です。初めて会う子どもとやりとりしながら，型はめが可能であれば，まずは，3次元の型はめを差し出します。

　№10では，型はめの○△□をやってから，触覚的手がかりのない，平面に描いただけの2次元の図形とのマッチングを促します。2次元の教材では，はめ込む穴の深さがないので，触覚を優先する子どもはそわそわして席を立ちますし，視覚の段階に入ろうとする子どもは興味をもって応じます。そして，「型はめの直後なら」，平面の○△□にピースを合わせようとする子どももいます。

　この教材のポイントはもう1つあります。サイズが小さいため，子どもが注目できる空間に提示できるのです。この大きさなら，見比べが苦手な子どもでも応じることができます。

日常生活とのつながり

　本教材はアセスメントの意味合いが強く，触覚・運動優先の段階と視覚優先の段階を見分ける目的で使っていました。したがって，日常生活ではその結果を生かしてコミュニケーションします。例えば，コミュニケーションの道具としてカードがよいか，物を手渡した方がよいかの違いがありますので，保護者にもそのことを伝えます。

拡大・応用の視点

　形の違いに気づくかどうかは，その教材の大きさも影響します。この教材で2次元のマッチングができても，ほかの物でできるとは限りません。2次元の方でぎこちなさを感じたら（例えば，ピースを平面上でササっと揺らして立ち上がる等），まだ触覚を頼りにしていると考え，それ以上は求めず，棒さしや玉入れ等3次元の学習に導きます。

第3章　実践例の解説　　87

相当する発達段階：Stage Ⅰ－3～Ⅲ－1

11　一対一対応支援キューブ

No.3「線たどりマグネット」で5つのカウンティングの原理を説明しましたが（p76），その中で最も初期に身につくのが「一対一対応の原理」でしょう。しかし，ここでつまずく子どもも特別支援学校ではよく見かけます。「そこに指を置く」は感覚運動期の子どもでも可能ですが，「いち」「に」と自分で唱えながら飛ばさないで数えるまでは定型発達児でもその後約3年かかります。

一対一対応の難しい子どもの多くは，操作が必要以上に速いという特徴をもっています。「いーち」「にー」までは何とか合っていても，その先はあっという間に進んでしまいます。数える場所に指をもっていくまでそこから目を離さないでいる必要があるため，そのことに集中するとゴールを忘れそうになるのかもしれません。また，手の操作をしているときには数唱に耳を傾ける余裕がありません。いずれにしても，「数える」操作は予想以上に難しいものです。

知的障害児では「目と手がバラバラ」になりやすいのは一般的な特徴であり，特別支援学校では，目と手の協応がテーマの学習が豊富に用意されています。編者を含めて，障害児基礎教育研究会の会員は，「目と手がバラバラにならない瞬間」を探して教材開発をしています。具体的には，穴に指を入れるときや，棒をさすとき，玉を落とすときであり，本教材もそのことを活用した教材の1つです。作成方法も形態も単純ですが，指の感触が手がかりとなって視線がそこに留まりやすく，また，組み合わせにより応用性が高いのが利点です。飛ばさないで指を置くためには，くっつけて置くよりも数センチ離して置く方がよいようです。第2章の実践例（p51）で述べたように，数唱に合わせて速さを調整するために全身を使ってはずみをつける様子が観察されました。課題がうまくいく場面では，子どもは自ら姿勢を変え，主体的に工夫を行うということを，子どもから教えてもらいました。

日常生活とのつながり

速さを調整しながら1つずつ視線をずらすこと，注意深く数唱に耳を傾けてそれに行動を合わせることは，「相手に合わせる」社会的行動でもあります。人の言葉に耳を傾ける学習でもあり，本教材に熱心になることそのものが社会性の学習であるといえます。

拡大・応用の視点

Stage Ⅰでは，必要な場所に注目することから学習が始まります。穴にビー玉を入れるようにしたところ，光る特性が注視を誘い，指さしもうまくいくことがわかりました。音に合わせて動く活動は，音楽や体育の時間等でも行われています。リトミック等は，音を聞き分ける活動そのものです。また，階段を降りるとき等，全身運動に負荷のあるときに数唱を入れると，印象に残りやすいようです。

> 相当する発達段階：Stage Ⅲ－1～Ⅲ－2

12　1～10の玉さし

　Stage Ⅲ－1では，視覚をよく使うとともに，数字の順を記憶するようになっていきます。一方，「順番の5」を「量の5」に切り替えることには，その先何年もかかることがあります。

　本教材で，手を出さずに子どもに任せて観察すると，しばしば1本の棒に1つずつ玉をさしていく様子が観察できます。玉を縦に重ねるように促すと，今度は数字と関係なく，棒に玉が入るだけさしてしまいます。第2章の写真（p53）のように，2なら2個，3なら3個しか入らない「限定バージョン」で作成するのはそのような理由です。子どもの自発的な気づきを促すために，教師の指示ではなく，教材が正解を教えるように作るのです。

　「自由バージョン」（図15）で，10個分入る長さの棒に対して数唱で運動を止めることは，視覚が優先するStage Ⅲ－1では大変難しいことです。反復練習を重ね，図のようにセットできるようになったとしても，本当に

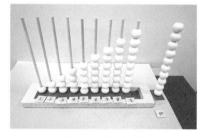
図15　玉さしの「自由バージョン」

図16　階段状の棒さし

数（量）を把握しているのかどうかは疑問です。数字タイルの順序を崩しても右方向に高まる形を保とうとする様子があったら，それはその「形」を作ることが目的になっているのです。それより前に，数字の順序が狂うのが納得できず，正しく並べ直すかもしれません。

日常生活とのつながり

　粗大運動で数を入れていく方が，理解が早いのではないかと思うことがあります。例えば，数唱を唱えながら階段を降りる，3回を目標にして縄跳びを飛ぶ等です。食事の準備で，家族の数だけは間違いなくお皿や食べ物を用意する感覚運動期の子どもがいましたが，必然性のある毎日の活動の中で身につけたスキルといえます。

拡大・応用の視点

　ただ玉をさすのではなく，その前後にも工夫の余地があるので，子どもに合わせていろいろ試してみることが大切です。編者は，塊として手に持たせてからいったんお皿に移し，それを見せてからさすことにしました。「1と2は感触も見た目も違います」と伝えることになります。数列を視覚的に記憶するためには，タイルを使うこともあります。ただし，タイルは境目が結合し，玉さしよりも数えにくく，より難しくなります。ほかにも，運動的に量を伝えるために，階段状の棒さし（図16）等が開発されています。

第3章　実践例の解説

相当する発達段階：Stage Ⅲ-1～Ⅳ

13　話す絵本

　話したい，書きたいという強い願いがそのしぐさや表情から伝わってくる子どもは多く，表出の手段がない苦しさをなんとかしてやりたいという思いが込み上げてきます。音声ペンは，子どものそんな願いを叶える魔法のペンです。あらかじめ教師が言葉を録音したドットにペン先を当てるだけで，代わりに発音してくれるのです。

　音声ペンを使った実践研究の中では，より話す意欲が高まっただけでなく，発音のスキルも上がったという報告がされています（飯島ら，2017）[7]。限られたパターンの言葉なのですが，それでも，みんなの前で言葉を話すことは，子どもにとっては誇らしいことのようです。

日常生活とのつながり

　飯島らは，一日のスケジュールを示すボードを使って，朝の会の司会をさせてみました。表出が乏しかった子どもが積極的に音声ペンを使い，発音が増えてきたと報告しています。

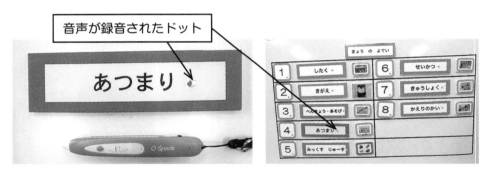

図17　スケジュールの横にドットをつける　　図18　スケジュールの全体図

　子どもたちが学校で使う言葉は，案外パターン的なものが多いです。「おはよう」「さようなら」「ありがとう」「おしえてください」「手伝ってください」「終わりました」「できました」等々。しかし，たとえパターンであっても，音声ペンで覚えた言葉は，将来役に立つのではないでしょうか。成人になって，社会的場面でそれらの言葉を使うことができれば，生活範囲や支援のネットワークが広がると思われます。

拡大・応用の視点

　何を録音するかで応用範囲は無限に広がります。また，教室のあちこちにドットシールを貼ることで，名称を確認できます。トイレにいきたいときに音声ペンを使うことも可能でしょう。

---

[7] 飯島徹，田上幸太・小家千津子（2017）「朝のあつまりにおける音声ペンを活用した教育実践　－ICTツールを活用した合理的配慮の実際－」『障害児基礎教育研究会研究紀要』第24集より

> 相当する発達段階：Stage Ⅲ－2～Ⅳ

14 何しているのかな？ 文で書こう

　日常生活ではおしゃべりが豊富なようでも，単語をつないで話すことが多く，文章表現を教えようとすると様々な困難があることに気づきます。また，構音障害のある子どもは，自分の発音通りにひらがな表記することが多く（例えば，「てんぷら」を「てぷらう」と発音し，表記する），一般に通じる表現にするためには，すでに覚えてしまったそれらを矯正しなければなりません。そんなわけで，ひらがなが書ける子どもには書き写しだけでなく，絵や写真を見て表現する機会を用意し，話し言葉にしても文章表現にしてもどのように表現するのか確かめておきたいものです。

　本教材では，教師の行動を見て複数の生徒が競って表現し合うところに学びの広がりがあります。「主語（だれが）」「目的語（どのような：形容詞，何を：名詞）」「述語（どうした：動詞）」等，思考の枠組みを用意することで，単語の表出が文になっていくことは嬉しいものです。教師が見本を書くことによって，「そうじゃないよ」等と否定しないで正しい文章に導くことができるのもよい点です。

日常生活とのつながり

　言葉がわかりかけたとき，子どもはまず身振りを使って確認します。そのため，編者はオウム返しと区別するために，何かを提示されたとき，言葉の前に身振りを使うことが「わかった」という意味であると考えています。逆に，文章表現の前に身振りを使うようにすると，言葉が出やすくなります。

　教室で学んだパターンを使って家庭で表現しようとする際に，身振りの使用がその内容を家族に伝える役割をします。家族がそれを受けて「○○だったのね」と返すことで，子どもは「伝わった！」という喜びを体験します。見聞きしたことを表現する意欲が高まっていくのではないでしょうか。

拡大・応用の視点

　表現を豊富にするためには，教室外にもホワイトボードを持参し，その都度絵を描いたり，文字にする等して視覚化・言語化を図ります。人と人とが近づき対話するきっかけになりますし，生活場面を言葉にすることは，生きた学習になると考えられます。

第3章　実践例の解説　91

> 相当する発達段階：Stage Ⅰ－1〜Ⅰ－3

15　ナイトアクアリウム

　No.15〜19は，高等部肢体不自由の生徒を対象とした取り組みです。言葉の表出はなく，日常生活動作のほとんどを介助に頼っている生徒たちですが，学習グループには中途障害の生徒もいて，お話を聞かせると，笑ったり涙を見せたりすることもあるとのことでした。No.15とNo.16の発達段階は Stage Ⅰ（感覚運動期）としましたが，より高い言語能力をもっている生徒もグループの中にいます。

　No.15では外界への興味関心を引き出すために，部屋を暗くし，光を使っています。光は，刺激の方向に目を向けたり，目をこらして見たりする自然な動きを誘います。音楽を上手に使ってリラックスした雰囲気を演出できれば，手を伸ばす等して積極的に触覚や運動感覚を使うでしょう。自分の動きと環境の変化との関係を感じるためには，静寂な環境で，応答性の高い取り組みをすることが必要です。僅かな動きで変化（ペットボトルの中で魚が揺れる等）を感じることは，自ら動くことの少ない子どもにとっては，大きな喜びになります。

　紐を握れない子どもにはシュシュを使って手の動きを引き出すようにしています。支援者が手を持って一緒に引くのは簡単なことですが，他者の介助では自分の動きを実感することができないので，できるだけ子ども自身の力で手を動かすような工夫が必要です。

日常生活とのつながり

　自分で動くことが困難な子どもは，日常的にも自分から物に働きかけることが少なく，自分の動きと環境との関係を感じることが少ないものです。環境の変化に対する期待感がなければ，視覚を意識的に使うことも少ないでしょう。自分の存在を意識し，周囲に影響を与えることを実感する場を意図的に設定することにより，人や外界に関心が広がり，自ら外界に働きかける意欲が高まります。何らかの要求手段を獲得すると，保護者とのコミュニケーションも活発になり，いっそうの成長が期待できます。

拡大・応用の視点

　教師が忘れがちなのは，自分が意図した以外の環境の刺激です。周囲の騒音も含め，教師が注意を向けていない刺激が子どもに強く入って，動きと環境の変化との関係を学ぶことを妨げているかもしれません。姿勢に負担はないか，子どもの肌に何か別のものが触れていないかにも気を配って環境を整えます。

　応用としては，視覚だけでなく聴覚に訴える設定も提案できます。例えば，握ることが難しい子どもでは，手にはめたシュシュに紐を結びつけ，その先に鈴をつけて台の上に置き，手を軽く引くと鈴が鳴るような活動が考えられます。

| 相当する発達段階：Stage Ⅰ－1～Ⅰ－3 |

16 コースター式玉入れ

　No.15「ナイトアクアリウム」は，光が直接視覚に訴え，行為（ひもを引くこと）とその結果（ペットボトルが動く）が，時間的な隔たりがなく直接つながっています。一方，No.16「コースター式玉入れ」では握ったボールを放してから，結果としての音が鳴るまでに少し時間がかかります。行為と結果の関係がわかる子どもが，次の段階として，少し時間を置いてフィードバックされる結果を期待して待つ，「予測」の学習ができる実践です。玉が透明の筒の中を転がるため，子どもは結果への期待をもって追視しようとします。

　玉を見つけやすい工夫として，転がす玉の色を赤や蛍光色にすることのほか，大きめの鈴を転がして音による動機づけをする等が考えられます。追視の力が弱いと何が起きたのかわからないので，傾斜を考えたり，終点に缶を置いて音のフィードバックを用意したりと，生徒に合わせた調整をしています。また，生徒が見やすい空間を慎重に見きわめて，玉の提示位置やコースの長さ，方向を設定しています。

日常生活とのつながり

　自分で動くことが困難な肢体不自由の子どもは，日頃から環境の変化と自分への影響との関係を知ることが難しく，緊張状態でいることが多いものです。緊張が長く続くと変形や拘縮の要因にもなります。少しでも外界に関心を広げ，予測することや，外界に発信する意欲をもたせていくことは，重症心身障害の状態にある子どもへの教育の基本と考えられます。安心できる環境とは，自分の予測を大きく外れない環境です。そのため，少し先のことを予測できるようになると，不安が軽減されます。視野が広がると予測できることも増え，予測できる範囲が広がると，安心の範囲も広くなります。また，教材を通して支援者が，生徒が認知できる空間の範囲（多くは大人が考えるより狭い）に気づくことにより，日常生活全般でわかりやすい環境設定ができるようになります。

拡大・応用の視点

　「コースター」の距離を伸ばしたり，途中で曲げたりすることのほかに，予測ができるようになった生徒なら，透明ではない筒を使うことも考えられます。進路を二股にして終点を隠し，どちらに玉が着いたか音で予測する等も考えられます。隠れたゴールに玉がたどり着いた後に指さしで当てさせ，十分に期待させてから覆いを取ることにより，子どもに見えない部分を想像することの楽しさを伝えることができます。

　Stage Ⅲ－2以上の子どもであれば，ゴールの覆いを色分けすることによって，「あか」の方か「みどり」の方かと発言を促すことも可能です。

第3章　実践例の解説　93

相当する発達段階：Stage Ⅰ～Ⅳ

17　七つの島

　　この実践には，「ねらい」に書かれたこと以外にいくつかの学習要素があります。

①　民話の語りかけを楽しみ，リズムの面白さを味わう等，言葉に親しむこと。

②　放す，力を抜く，勢いをつけて投げる等，運動系の調整に関すること。

③　手の広げ方を「島」の大きさに合わせる等，視覚－運動の学習に関すること。

③　「放して」「投げて」「力を抜いて」「手を広げて」等の動詞を，動作を通して理解すること。

④　「大きく」「小さく」「遠くへ」等，概念の言葉を理解すること。

⑤　富士山，島等架空の情景を，地図を手がかりに思い浮かべること。

　　生徒の実態によって，手の操作をねらいとするか，物語の情景を想像することをねらいとするか，重点が異なってきます。Stage Ⅱの生徒においては，掴んだり放したりする活動を楽しむことを通じて，目的を理解して集団に参加することを学ぶでしょう。また，「放して」「投げて」の意味は，その場の雰囲気や動作と一緒に学習するでしょう。Stage Ⅲ－1位では，見て，手の広げ方を変える等，視覚と運動を関係づけた動きを意識することや，対象をよく見て操作することを学ぶでしょう。ただ，「力を抜いて」等調整に関する言葉の理解はまだ難しいと考えられます。Stage Ⅲ－2以上では，「大きく」「遠くへ」等概念の言葉や，「力を抜いて」等運動系の調節に関する言葉を理解して，合わせようとするようになるでしょう。

日常生活とのつながり

　　見て，大きさや空間の位置を判断して自分の体の動きを変えることは，環境に動きを合わせる方法の学習であり，日常生活のあらゆる場面で必要な基礎的スキルであるといえます。一方，地図を見て島を思い浮かべる等は，それなりの経験が必要です。地図が何を表しているのかもわかっていなければなりません。目の前のものを離れて想像力を働かせるのは，少なくともStage Ⅳ以上の課題と考えられます。大人の頭には容易に浮かぶ風景も，経験の少ない年少の子どもでは，目の前にある「スライム」とつなげて考えるのは難しいかもしれません。

拡大・応用の視点

　　肢体不自由を伴う場合は，視線が対象に向かい，焦点が合うまで時間が必要です。見えてくるまで待つ，見本を絵のすぐそばに提示する等，丁寧な配慮が必要に思われます。また，上記のように，共通の活動の中でも，支援者は1人1人の言語理解力を考えながら，目標や働きかけを変える必要があります。教材を通して支援者が学んだ視点は，次の実践に生かすため記録し，チームで共有していくことが望まれます。

相当する発達段階：Stage Ⅰ～Ⅳ

18　銭形玉ひも

　p76で，「数は運動」であると述べましたが，肢体不自由の子どもは，数えるために手を動かす機会が乏しいので，数の学習にも工夫が必要です。比較的知的に高い子どもは，目で数えることを自然に学ぶようですが，数の概念がまだ育っていない段階では，意図的に手を動かす学習が必要です。

　No.18「銭形玉ひも」では古典落語を使って，ひい，ふう，と数唱を入れながら玉を動かしています。数えることは音に合わせて自分の体を動かすことという，数の基本に即した学習になっています。はじめは，数唱を生徒の動きに合わせます。しかし，慣れてくれば，生徒が数唱に合わせるでしょう。

　執筆者が気を配っているのは，教材の大きさを生徒の手の可動域の範囲内にすることです。これは，始点と終点が生徒の目に入るようにする配慮でもあります。そして，紐を二重にする等して穴にきつく通し，動かすときに適度な抵抗があるようにしています。これは，自分自身の力で動かしているという実感が得られるようにする配慮です。少し抵抗がある方が，手元に視線がいきやすく，自分が何をしているのか記憶にも残りやすくなります。

　さて，「ひい，ふう……」と数えて途中でごまかす面白さを生徒が理解するかどうかという問題ですが，写真では，玉は15個とし，一文ごまかした数にしています。途中でごまかしを入れないで16文数えたときに，「あれ？　玉がたりない」と生徒が気づくようであればこのお話の面白さが伝わると思います。しかし，そこまで求めなくても，自らの手を動かして参加するだけでも十分です。古典落語のもつリズムやイントネーションに耳を傾けることも，「数える」ことの基礎にある大切な学習といえます。

日常生活とのつながり

　数唱を聞いて動作をそれに合わせるということは，相手に合わせた社会的行動を意味します。本実践は，外界を取り入れながら自分の行動を調整する社会的行動を培う学習を含んでいると考えられます。

拡大・応用の視点

　はじめは玉を送るだけで精一杯で，数唱に耳を傾けることが難しいと思います。何も手伝わないで見ていると，玉を複数同時に送ってしまうこともあります。そんな場合はすぐに目標を切り替え，「１つずつ送る」ということを課題にします。言葉でやり方を伝えることは難しいことが多いので，できるだけ動作を伴って伝えることが肝心です。

第３章　実践例の解説　95

相当する発達段階：Stage Ⅰ～Ⅳ

19　カルタ釣り

　No.17，18と同じく日本文学を題材としています。とはいえ，お話の意味理解が主たる目的ではなく，言葉に耳を傾ける，日本語のもつリズムやイントネーションに親しむことをねらいとしています。また，普段自分の手を使うことが少ない子どもが主体的に取り組むために，手を使う設定にしています。

　本教材は，ねらいを定め，頑張ってカルタを引っ張り出すと，読んでもらえる喜びがあります。紐を引くとカルタが上がるという，手段と目的の分化に気づく学習でもあります。「手段と目的の分化」は，自分の動きが環境に与える影響に気づくということであり，外界に働きかける意欲を生み，発信行動につながる，自立活動の重要な取り組みといえます。

　自分の手の動きとカルタの動きとの関係に気づいた子どもは，しっかりと目を使うでしょう。Stage Ⅳの子どもであれば，カルタの絵や読み札の言葉から，何かの情景を思い浮かべることも可能です。対象の生徒は，何を思い出したのかはわかりませんが，涙を流していたそうです。

日常生活とのつながり

　本実践を含め，教材教具を使った学習のねらいは，五感を主体的に使うことにあります。一心に見て，聞いて，自分の体を自分の意思で使うことは，心身の調和的発達の基盤を培う自立活動そのものであり，生活全般の土台となります。

拡大・応用の視点

　自分で手を使うことが少ない子どもは，掴むよりも放すことの方が難しいといわれます（吉瀬，2006）[8]。そのような場合は，No.17のように，手を広げて放すこと自体が学習になります。掴むものを変えることによって，触り心地に変化をつけることができ，物の性質を判断する触覚の機能を高めることができます。また，籠等のふちに手首を当てることにより，より意図的に「放す」動作が可能になり，目的をもって手を広げる意識がはぐくまれます。No.19では，音楽を使ってノスタルジックな雰囲気をつくり，生徒の情感を刺激しています。カルタを引き出したときに，オルゴールが鳴る，マッサージをしてもらう等，複数の感覚に訴えるフィードバックが用意されていれば，様々な楽しみ方ができます。

図19　籠のふちに手首を当てて玉を落とす

---

[8] 吉瀬正則（2006）「肢体不自由児における教材教具の意義と活用」水口浚・吉瀬正則・松村緑治・立松英子著『一人ひとりの子どもに学ぶ教材教具の開発と工夫』第二章，学苑社

> 相当する発達段階：Stage Ⅲ－1

20　見た目の異なる数の分類

　事例 No.12の「主体的・対話的で深い学びを促す支援のポイント」(p53) にあるように，順序数の理解を集合数（量）の理解につなげていくのは，本当に難しいものです。大人が当たり前のように，数字の「3」を「いち，に，さん」と数えることのできる「量」だと思うのは，見た目が違っても3個は3個であることや，「さん」という音が「3」という数字と結びつくことや，「いち，に，さん」の最後の「さん」がその数であること，そもそも数える目的は「いち，に，さん」と指を置いていくことではなく，その最後の数を知ることにあることなどを暗黙に了解しているからです。さらに，数を社会的な文脈で扱うには，順序と量のどちらが求められているのかを，その都度その場の空気を読んで対応する必要があります。このような複雑で多様な側面を踏まえて大人は数を扱っているのです。

　「量」は，触覚と運動，視覚と聴覚など異なる感覚が統合された結果わかることです。定型発達では，4歳頃に数に関心を持ち始め，最初は指の動きと数唱が合わず，順番を飛ばしたり，途中の数唱を飛ばしたりしていますが，熱心に自ら反復練習した結果，2年位かけてバラバラに機能していた各感覚が統合されていきます。小学校入学までには多くの子どもがその統合に成功し，文字や数の学習を積み重ねるためのレディネスが整っていくのです。

　順序数の理解と集合数の理解の間にある大きな壁の要因の1つが，数唱（音声）と数字（視覚），すなわち異種感覚同士を結びつけることの困難さにあることを教えてくれたのがこの事例です。

　本事例はすでに高等部であり，数字はもちろん読め，100くらいまでは数字の順番を間違えることもなく，また，異なるマークの数のマッチングも容易でした。しかし，「量」を求めると急に不安定になり，恐る恐る確かめると3までの理解がやっとだったのです。

　Stage Ⅲ－1は「目で考える」段階と言われ，ASD を伴っていなくても，視覚が優先する外界理解が一般的です。この段階では，見た目が全く同じことが「同じ」の条件です。一方，ぴったり同じでなくても，色が同じ，形が同じ，などは経験とともに学習されていきます。高等部位の年齢になると，学習経験があれば異なるマークでの数のマッチングも容易ですし，一旦該当の数字の上に数カードを置いてしまえば，あとは種類の異なるマークのカードも同じお皿に入れていくことができます。しかし，これは，視覚的な共通性で分類しているのであって，「さん」という音の共通性でマッチングしているのではありません。

　本事例も，マークの種類が異なる数カードを同じ数のお皿に集めるという手続きは理解し，その「きまり」に忠実なあまり，「いち」を「2」の場所に入れることになりました。視覚に強く依存している Stage Ⅲ－1 の子どもは，「いち」をなぜ「2」の缶に入れないのかがわかりません。「『いち』だからね」という大人は，目に見えない音声でのマッチングを求めている

第3章　実践例の解説　　97

のです。

　本事例も，最初は，バラバラに配置されたマークの数が目の前の数字（視覚）と同じであることを納得するには抵抗があり，そこに踏み込むと不安そうにしていました。

　バラバラに置かれたマークの数がその数であることを納得するには，以下のような方法が役立ちました。分類の開始時には缶の底に置かれていた数字カードは，数カードを重ねると見えなくなってしまいます。援助しながら様々な種類のマークが描かれた同じ数のカードをお皿に入れた後，その上に数字キューブを載せてから蓋をするのです。

　パチンという蓋の感触が課題の終了とともに，「できたよ」という合図になり，子どもは安心して課題を終了します。さらにケースにしまうまでを子ども自身が行うことにより，無事終了したという満足感は確かなものになりました。

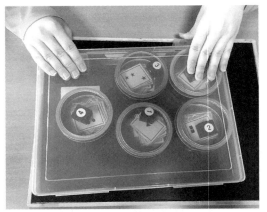

図20　同じ数が集まったお皿にその数の数字が貼られたキューブを入れて蓋をし，ケースにしまう

日常生活とのつながり

　上記のように，順序数を理解しているのになかなか集合数の理解につながらない子どもの場合，数唱と数字という，異種感覚の連携に困難があると考えられます。当然のことながら，それは言葉の理解や日常生活に大きく影響します。

　編者は，該当の子どもが視覚に依存する傾向が強く，目に見えない音声を情報として使うためには丁寧な支援が必要なことを記録し，同僚や家庭に伝え，言葉の指示が多すぎないかどうかを検討しました。ASDでは視覚支援が重要であることはすでに一般化していますが，周囲の大人が視覚でわかっていることを言葉でわかっていると誤解する傾向は，日常生活場面ではまだまだたくさんあるようです。

拡大・応用の視点

　異種のマークを数を基準に統合することは，カードを使えば比較的容易に学習されます。しかし，それは，常に物を動かして数える操作にフィードバックし，№12の「1～10の玉さし」で確かめたり，日常生活で，言われた数のお皿やスプーンを持ってくる，同じ数の道具をそろえるなど，目先を変えて経験を積むことが必要であろうと考えます。

まとめ

　実践の背景や日常生活とのつながり，拡大・応用の視点等を解説しましたが，全般的に必要な観点について以下にまとめます。これらの考え方の背景には，発達心理学からの示唆に加えて，障害児基礎教育研究会の理念があります。障害児基礎教育研究会では，以下のようなことを念頭に置いて，学習支援をしています（立松，2015）[9]。

---

① 教材教具は，言葉の指示をしなくても課題がわかるように作成する。または，一目で課題がわかるようなものを選ぶ。

② 操作の結果が予測できるように，活動の要素はできるだけシンプルにする。

③ 認知しやすい空間（体の中心，一目で全体がわかる範囲など）に気を配って提示する。

④ 注目しやすい素材や環境（赤い物，光る素材，目からやや下に提示，机の下からさっと出すなど）を工夫する。

⑤ 注視の力が弱いと感じたら，より小さな教材を試してみる。素材の触感にも気を配る。

⑥ 認知の空間を広げ，探索的な目の使い方を促すような働きかけする。

⑦ 失敗しない程度の操作の抵抗感，挑戦意欲を誘う程度の難しさ，音や触覚のフィードバックなど，達成感を実感できるような応答性の工夫をする。

⑧ 支援者との受信，発信の関係が保たれるようにする（指さしや身振りを使う，子どもが「できた」と思った時に視線を合わせる，結果にすぐに反応するなど）。

---

(1)　子どもは，常に学ぼうとしている

　子どもは常に学ぼうとする存在です。学習が嫌いに見えるとしたら，その要因は学べない環境にあると考え，課題や目標や環境設定を吟味します。

　支援者の立場から気づきにくい子ども側の要因には，次のようなものがあります。

① 視覚で判断する課題はわからないことがある（見えないわけではないが，物の形や大きさを認知するためには触覚を優先的に使う）。

② 認知できる空間が想像以上に狭いことがある（見比べの段階に至っていないか，線をなめらかにたどったり見回したりすることが困難な子どもは，全体像の把握が難しい）。

③ 刺激につられて何に注目したらよいのかわからなくなることがある（視線が移りやすいだけでなく，一度見たものから目を離しにくいという特性もある）。

---

[9] 立松英子（2015）『発達支援と教材教具Ⅲ−子どもに学ぶ，学習上の困難への合理的配慮−』ジアース教育新社

①は，触覚で判断する課題に変えることによって，生き生きとしてきます。例えば，No.5（pp.38-39）のような振り分け課題ではなく，同じ形を上に重ねるような課題や，穴に入れることで大小が分かるような課題です。

　②は，見本やゴールの位置が遠い，選択肢が同士が離れているなどにより，広い範囲の見比べが必要になっている状態です。教材を小さくしたり，見本や選択肢同士を近づけたりすることで，解決できることがあります。

図21　選択肢が2つ（手元の見比べが必要になる）

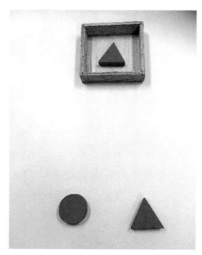

図22　見本が遠い（見本を見て選択肢を見ると見本を忘れてしまう）

例えば，p38「形に注目して分類しよう」では選択肢が１つでしたので，手に持ったものを操作すればよいのです。見本は２つありましたが，手元のものをかざすことによって，同じかどうかを判断します。しかし，図21では，手元をまず見比べなければなりません。「ピンポイントで見ている」段階の子どもにとっては見比べ自体が努力課題です。さらに，見比べ（視覚）によって違いを判断し，その記憶を見本と照らすことになります。両方の形を覚えていなくてはできません。図22では見本が遠く，空間が広がったために，せっかく見本を見ても手元に視線を移すと見本を忘れてしまう可能性があります。このように，目を離した途端に忘れてしまう段階があるのです。子どもは課題が何だかわからなくなり，席を立ってしまいます。

　③は，選択肢の数を減らすことにより解決する可能性があります。②の例のように，選択肢が２つになっただけで混乱する子どもがいます。さらに，選択肢が増えれば，提示空間も広くなり，見回すことが必要になります。№１「ジグザグの輪郭線をたどる棒さし」や№２「端まで滑らせよう」が必要な子どもが見回すことに苦手があるのは当然であり，選択肢の数は慎重に検討しなければなりません。

　学びの基礎である認知の部分のつまずきは，社会生活上の行動全般に影響を及ぼします。型はめは，年齢が高くなるとしばしば幼稚な教材と受け取られがちですが，型はめでつまずく子どもは，形や向きが見ただけではわからないということです。世の中すべてのものに形や向きがありますから，常に混乱し，不安な状態にあることが想像できます。認知に関する基礎学習で獲得したことは，混乱を少しでも解消し，情緒の安定を図るために役立つのではないでしょうか。

(2)　教材教具を使った学習の目的は，コミュニケーション

　冒頭で述べましたが，障害児基礎教育研究会では，コミュニケーションが難しく，環境の刺激から学びにくい状況にある子どもとのやりとりを成立させることを第一目的として教材教具を使っています。(1)で述べたように，子どもは本来学びたい存在です。学ぶ環境が整えば一心に学ぶ可能性があり，そういった環境を整えるのが支援者の役割と考えています。

(3)　学ぶのは子ども自身，できるようになるのはその結果

　子どもが自分自身のために学ぶのであって，支援者はそれをお手伝いする存在だということです。例えば，算数の教材を使って数がわかるようになったとしても，あくまで子ども自身が導き出した結果であって，大人の目標達成のためではないということです。

（4） 一歩手前を見る

　創始者の水口先生による，「もし教えることに躓いたら，一歩手前を見なさい」という教えです。「できなかったら，できているところを確認してそこから出発しなさい」ということなのだと思います。学校の環境の中で学びにくい子どもは，その要因をさかのぼると，自立活動でいう「心身の調和的発達の基盤」に躓きがあることが多いものです。一歩戻って基礎に働きかけることによって，子ども自身の力で先に進むことができます。

（5） 触覚と運動を使った学習を重視する

　大人は，視覚が認知の機能を発揮する以前の学びの段階を忘れていることが多いようです。しかし，実際の操作ができなければ，どんな知識も生活につながりません。触覚と運動の段階でつまずいている子どもは，あらゆる動作がうまくいきません。それに関係するのは運動機能だけでなく，例えば，数を数えるときに指の動きがずれてしまう等，視覚や聴覚との統合がうまくいかないという問題を含みます。

（6） 仮説を柔軟にもち，即座に課題を修正する

　子どもが手を出さないもしくは拒否する教材は，その子に合っていないということです。どんなに苦労して作った教材でも，合っていない物はすぐに差し替える決断が必要です。逆にいえば，その子の前に提示して，手を出すものから始めるとうまくいきます。

　これなら子どもが手を出し，達成感を得るのではないかという「仮説」は，経験とともに豊富にもつことができるようになります。触覚，視覚，聴覚，記憶等の状態を常に観察し，個別学習ではそれに合わせるとともに，日常生活でもそのことを意識して働きかけを調節します。例えば，コミュニケーションの方法は言葉だけではなく，絵や写真のほかにも，視線，指さし，表情，身振り，そして，物の手渡し，物を見せる等の手段もあります。選択肢の数を調整するのも前述の通り，子どもに合わせて慎重にする必要があります。手に持たせるものの大きさも，つまめるほどの大きさから，掌に入る大きさ，Ａ４の空間に入る大きさ等いろいろ試してみます。

　また，子どもの行動の価値づけも，社会的側面からだけでなく，さまざまな角度から見る発想の広さが必要です。例えば，外にいくときに必ずどこかにいってから戻ってくる子どもがいると思ったら，一度出口にある踏み台を踏むことが，気持ちを切り替えるための儀式だったということもありました。大人が不思議に思う行動には子どもなりの意味があり，また認知発達と関係していることが多いようです。

● おわりに ●

　本書で述べてきたことは，教材教具を使った教育実践を通してはぐくんだ１つの教育的な考え方であり，精神医学的観点，心理学的観点から検討しなければならないことはたくさんあります。しかし，現時点で子どもとのコミュニケーションで悩む先生方と，楽しい実践を期待してやってくる子どものために，何かお役に立てればと思い，まとめたものです。考え方のもとになった学術的な参考文献については割愛させていただき，本書で直接引用したもののみ掲載させていただいています。

　本書では，市販の材料で手に入れられるものについてはできる限り入手先を掲載させていただきました。特に，100円ショップでは，製造先が不明で掲載できないものもありましたことをお断りしておきます。子どもが学習の時間を楽しみにするような実践をするために，本書が僅かでもヒントを提供できていればと願っています。

　本書の実践例は，特別支援学校の教員である障害児基礎教育研究会の会員が提供してくださいました。お忙しい中原稿を提供してくださった，事例の執筆者の加部清子先生，長沼潤子先生，伊藤靖先生，小野寺泰子先生，山口京子先生，金子記美恵先生，実践のエピソードを提供してくださった，筑波大学附属大塚特別支援学校，飯島徹先生，同校副校長，根本文雄先生に感謝申し上げます。また，本書で使った教材の写真は，実践例の執筆者から提供されたものだけでなく，障害児基礎教育研究会の代表である吉瀬正則先生（元明治学院大学特命教授）が考案・製作したものが多数含まれています。この場を借りまして，お礼を申し上げたいと思います。

　加えて，町田市にある保護者主宰の個別学習の会である「ふかしぎ倶楽部」では，今も多くの，すでに成人になった「元」子どもたちが学んでいます。本書で述べたように，我々の実践の先生はこの方々です。年月をかけた我々への「教育」であり，まさに学びは双方向のものであることを教えてくださいました。たくさんの示唆に感謝申し上げるとともに，「ふかしぎ倶楽部」を支えてきた保護者の皆様にも厚くお礼申し上げます。

立松　英子

【編著者紹介】
立松　英子（たてまつ　えいこ）
東京福祉大学

【著者紹介】
障害児基礎教育研究会
　　　　　　（しょうがいじきそきょういくけんきゅうかい）

加部　清子（東京都立多摩桜の丘学園）
長沼　潤子（東京都立中野特別支援学校）
伊藤　靖（まなび工房）
小野寺泰子（東京都立品川特別支援学校）
山口　京子（千葉県立我孫子特別支援学校）
金子記美恵（東京都立墨東特別支援学校）

本書に掲載された教材教具は，上記の執筆者の他に障害児基礎教育研究会代表の吉瀬正則・筑波大学附属大塚特別支援学校の根本文雄が製作しました。

特別支援教育サポートBOOKS
＜国語・算数＞
学びにくさのある子のための教材教具
主体的・対話的で深い学びを促す支援のヒント

2018年9月初版第1刷刊	Ⓒ編著者	立　松　英　子
	著　者	障害児基礎教育研究会
	発行者	藤　原　光　政
	発行所	明治図書出版株式会社

http://www.meijitosho.co.jp
（企画）赤木恭平　（校正）中野真実
〒114-0023　東京都北区滝野川7-46-1
振替00160-5-151318　電話03(5907)6702
ご注文窓口　電話03(5907)6668

＊検印省略　　　組版所　株式会社カシヨ
本書の無断コピーは，著作権・出版権にふれます。ご注意ください。

Printed in Japan　　　ISBN978-4-18-117519-1
もれなくクーポンがもらえる！読者アンケートはこちらから→